Holger Haag

Was lebt im Wald?

entdecken · erkennen · erleben

KOSMOS

Impressum

Mit Illustrationen von:
Marianne Golte-Bechtle: S. 5 (Ameise, Waldveilchen), 14, 15, 19, 20, 38 u.r., 57 r., 58, 61, 64, 72 r., 73 (Blüte), 81 (Keller-assel, Moderkäfer), 84 (Eichel), 93 (Maiglöckchen, Ameise); Paschalis Dougalis: S. 5 (Eichelhäher), 44, 46 o., 48, 49, 50, 51, 91 (Hausrotschwanz, Buchfink), 92 (Federn); Andreas Gminder: S. 67; Sigrid Haag: S. 46 (Buchecker), 71, 76 m.l., 84 (Buchecker, Haselnuss); Esther von Hacht: 5 (Laubfrosch), 25, 27, 30 u.l., u.r., 31, 33 (Spur), 34, 35 (Spur), 37 (Spur), 38 (Spur), 48 (Federn), 89; Milada Krautmann: S. 77 u.; Wolfgang Lang: 26, 92 (Feuersalamander); Dr. Rita Lüder: S. 56, 57, 59 r., 93 (Rotbuche); Sonja Schadwinkel: S. 5 (Zapfen), 68, 69, 70, 71 (Samen), 72 l., 73, 74, 75, 76 o., 77 r., m., 84 o., 85 (alle Samen), 92 (Eichel), 93 (Vogelbeere); Gerhard Schmid: S. 10 u., 12; Kadie Schmidt-Hacken-berg: S. 55, 60; Roland Spohn/Kosmos: S. 59 l., 62, 92 (Lerchensporn); Steffen Walentowitz: S. 5 (Marder, Fliegen-pilz), 7 (Farn), 10 o., 11, 13, 16, 17, 21, 23, 24, 28, 29, 32, 33, 35 o., u.l., 36, 39, 40, 41, 42, 43, 45, 46 m., 47, 50, 52, 53, 54, 65, 66, 81 (Steinläufer), 91 (Rotkehlchen, Singdrossel, Ringeltaube, Amsel, Star), 93 (Wintergoldhähnchen); Jürgen Willbarth: S. 16, 18, 22, 30 o., u.m., 31 (Spuren), 37, 38 m., 81 (Nacktschnecke, Regenwurm), 93 (Haselnüsse).

Mit Farbfotos von:
Aigarsr/Fotolia.com: S. 90 u.; Andyastbury/Fotolia.com: S. 88 o.; Toni Angermeyer: S. 39; Arctos/Fotolia.com: S. 15; ArTo/Fotolia.com: S. 9 (Dosen); Heiko Bellmann/Kosmos: S. 13, 14 o.l., 17, 18, 20 m.l., 53 u.r., 56, 63, 69, 82 (Käfer), 93 (Zecke); Crimson/Fotolia.com: S. 82 o.; Henry Czauderna/Fotolia.com: S. 8; Die Erlebnis AKADEMIE AG (Nationalpark Bayerischer Wald): S. 81 o.; Qing Ding/Shutterstock.com: S. 73; dwphotos/Shutterstock.com: S. 12; Klaus Eppele/Fotolia.com: S. 22, 92 (Schnurfüßer); Gartenschatz GmbH/Bajohr: S. 28, 33, 36, 38, 48; Gartenschatz GmbH/Bellmann: S. 55, 61; Gartenschatz GmbH/Schön: S. 10; Andreas Gminder: S. 65, 67; Peter M. Gregor: S. 81 (Becherlupe); Robert Groß: S. 40; Holger Haag: S. 15 m.l.; K.-U. Häßler/Fotolia.com: S. 11; Harzimages/Fotolia.com: S. 78 m.; Frank Hecker: S. 14 u., 16 u., 19, 20 u., 21, 23, 26, 32, 34, 35, 37, 49, 53 m.l., 60, 70, 79 u., 82 u., 83 o (2 x), 88 u., 89 m., u.; Gertjan Hooijer/Shutterstock.com: S. 42; IbajaUsap/Shutterstock.com: S. 75; Irantzuarb/Fotolia.com: S. 80 u.l.; Imfoto/Shutterstock.com: S. 68; Kauriana/Shutterstock.com: S. 36 u.r.; Kitty/Fotolia.com: S. 87 o.r.; Tamara Kulikova/Fotolia.com: S. 87 u.; LianeM/Fotolia.com: S. 87 m.l.; Alfred Limbrunner: S. 24, 31 m.r.; margo555/Fotolia.com: S. 86 o.; Miredi/Fotolia.com: S. 9 o.; Georg Müller: S. 83 u.l.; Joachim Neumann/Fotolia.com: S. 52; npologuy/Foto-lia.com: S. 78 u.; Pakhnyushchyy/Fotolia.com: S. 9 (Messer); Sven Petersen/Fotolia: S. 84; Photophonie/Fotolia.com: S. 85 u.; PhotoSG/Fotolia.com: S. 9 (Schnur), 92 (Schnur); reptiles4all/Shutterstock.com: S. 29; rvlsoft/canstock-photo.de: S. 2–3; Sauer/Hecker: S. 54; sauletas/Fotolia.com: S. 80 m.; Peter Schönfelder: S. 58; Smileus/Fotolia.com: S. 80 o.; Roland Spohn: S. 79 o., 92 (Baumscheibe); suerob/Fotolia.com: S. 47; thanses/Fotolia.com: S. 67; IbajaUsap/Shutterstock.com: S. 44; Sigrid Walter: S. 83 u.r.; Wolfgang Willner: S. 45; XK /Fotolia.com: S. 90 o.; Serg Zastavkin/Fotolia.com: S. 90 m.l.; Peter Zeininger: S. 41, 43, 51; Zerbor/Fotolia.com: S. 86 u.

Mit Symbolen von Torsten und Carsten Odenthal, Köln, und Sigrid Walter, Würzburg

Umschlaggestaltung von Init GmbH, Bielefeld unter Verwendung eines Fotos von Maica/iStockphoto.com (Mädchen) und eines Fotos von Frank Hecker (Fuchs).

Unser gesamtes lieferbares Programm und viele
weitere Informationen zu unseren Büchern,
Spielen, Experimentierkästen, DVDs, Autoren und
Aktivitäten findest du unter **kosmos.de**

MIX
Papier aus verantwor-
tungsvollen Quellen
FSC® C015829
www.fsc.org

Gedruckt auf chlorfrei gebleichtem Papier

© 2014, Franckh-Kosmos Verlags-GmbH & Co. KG, Stuttgart
Alle Rechte vorbehalten
ISBN: 978-3-440-14046-8
Redaktion: Dr. Heike Herrmann
Gestaltungskonzept: Britta Petermeyer
Satz: Walter Typografie & Grafik GmbH
Produktion: Verena Schmynec
Printed in Italy / Imprimé en Italie

Haftungsausschluss:
Alle Angaben in diesem Buch
erfolgen nach bestem Wissen
und Gewissen. Sorgfalt bei der
Umsetzung ist indes dennoch
geboten. Der Verlag und der
Autor übernehmen keinerlei
Haftung für Personen-, Sach-
oder Vermögensschäden,
die aus der Anwendung der
vorgestellten Materialien und
Methoden entstehen können.

Dunkle Erdhummel
Seite 12

Riesenholzwespe
Seite 13

Hornisse
Seite 14

Hirschkäfer
Seite 18

Roter Halsbock
Seite 19

Waldwolfsspinne
Seite 20

**Gefleckte Schnirkel-
schnecke** Seite 24

Laubfrosch
Seite 25

Feuersalamander
Seite 26

Eichhörnchen
Seite 30

Igel
Seite 31

Baummarder
Seite 32

Wolf
Seite 36

Reh
Seite 37

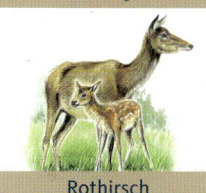

Rothirsch
Seite 38

Rotkehlchen
Seite 42

Kleiber
Seite 43

Kohlmeise
Seite 44

Inhalt

Hallo, liebe Waldfreundin und lieber Waldfreund!

In diesem Buch findest du rund 80 einheimische Tiere und Pflanzen, die häufig in unseren Wäldern vorkommen. Auf deinen Exkursionen in den Wald werden dir sicher einige davon begegnen. Manche findest du eher in Laubwäldern, andere eher in Nadelwäldern. Je aufmerksamer du beobachtest und dir ihre Merkmale einprägst, desto mehr wirst du entdecken.

Bestimmen leicht gemacht

Die jeweilige **Farbleiste** am oberen Rand der Seite hilft dir bei der Suche nach den verschiedenen Tier- oder Pflanzenarten. Die unterschiedlichen Farben bezeichnen die verschiedenen **Tier- und Pflanzengruppen**.

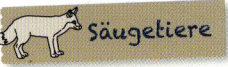

Außerdem findest du auf jeder Seite noch folgende Zeichen:

Der Text neben der Landschaft verrät dir, wo du das Tier oder die Pflanze am ehesten finden kannst, ob du eher im Laub- oder Nadelwald suchen sollst, und wo im Wald die Art vorkommt.

Die farbige Leiste ganz unten auf der Seite zeigt dir auf einen Blick an, in welchen Monaten du die jeweiligen Tiere beobachten kannst oder wann die Pflanzen und Bäume blühen. Die Hornisse fliegt zum Beispiel von April bis Oktober. Deshalb sind diese Monate farblich markiert.

Um die Größe schnell einschätzen zu können, gibt es vier Symbole.
Der Schmetterling steht für Arten, die bis 5 Zentimeter groß werden, der
Vogel für Arten, die 5 bis 50 Zentimeter groß werden, das Reh für Arten,
die 50 Zentimeter bis 2,50 Meter groß werden und der Baum für alles, was
größer als 2,50 Meter ist. Neben den Symbolen findest du auch noch die
genaue Größenangabe.

Das Hauptbild zeigt dir entweder das ganze Tier, die
ganze Pflanze oder die auffälligsten Merkmale, zum
Beispiel bei einem Baum einen Zweig mit Blättern, Blüten
oder den typischen Früchten. Bei einigen Arten gibt es
zusätzliche Zeichnungen oder Fotos, die dir weitere Infos
geben oder auf Besonderheiten hinweisen.

Die hellblauen **Wichtig zu wissen!** -Kästen verraten dir interessante
Zusatzinfos über die Tiere und Pflanzen. Die grünen **Schau genau!** -
und die gelben **Mach mit!** -Kästen geben dir Tipps zum Beobachten und
Selbermachen. In den orangefarbenen **Erstaunlich!** -Kästen findest du
verblüffendes Detailwissen oder
Rekorde.

Der **Totenkopf** warnt
dich vor sehr giftigen Pflanzen,
die du auf gar keinen Fall in
den Mund stecken darfst.
Hast du eine dieser Pflanzen
angefasst, wasche dir auf
jeden Fall die Hände. Diese
Warnhinweise solltest du
unbedingt beachten!

Vorsicht!

Generell gilt: Wild wachsende Pflanzen
oder Pflanzenteile niemals in den Mund
nehmen oder gar essen! Denn viele Pflanzen, selbst wenn sie in diesem Buch kein
Totenkopfsymbol tragen, sind ungenieß-
bar oder leicht giftig. Von einigen Bäumen
und Sträuchern kannst du die Früchte
essen oder aus den Blüten und Blättern
einen leckeren Tee zubereiten. Vorher
solltest du die Pflanze aber immer einem
Erwachsenen zeigen, der sich damit gut
auskennt, und ihn um Erlaubnis fragen.

Was ist eigentlich Wald?

Als Wald wird ein Gebiet bezeichnet, auf dem vor allem Bäume stehen. Die Fläche muss so groß sein, dass der Wald sein eigenes Klima hat, das heißt, dass sich die Temperatur und die Luftfeuchtigkeit im Wald deutlich von ihrer Umgebung unterscheiden. Wälder können sehr verschieden sein, es gibt sie fast überall auf der Welt, vom undurchdringlichen Dschungel bis zum lichten, parkähnlichen Steppenwald. Selbst Salzwasser haben sie mit den Mangrovenwäldern erobert. Nur da wo es zu trocken, zu kalt, zu steil oder zu stürmisch ist, wachsen keine Wälder. Bei uns sind die Laubwälder typisch. In sandigen Gebieten und im Hochgebirge stehen aber auch natürliche Nadelwälder.

Wald, so weit das Auge reicht. Besuche doch einmal einen Wald-wipfelpfad. Eine Wanderung durch die Baumkronen ist echt beein-druckend.

Ohne den Menschen wäre Deutschland von einem dichten Wald bedeckt. Doch vor ca. 7 000 Jahren wurde der Mensch sesshaft und brauchte Land für sein Vieh und für den Ackerbau. Wälder wurden abgeholzt. Als die Be-völkerung wuchs, wurde immer mehr Holz zum Bauen, für Holzkohle, zum Salzsieden, für die Glasverhüttung und den Bergbau benötigt. Die Wälder schrumpften, bis weniger Wald vorhanden war als heute. Zum Glück wurde dann die Kohle als Heizmaterial entdeckt. Die Rettung für den Wald. Auf viele Flächen wurden wieder Bäume gepflanzt. Seitdem wächst der Wald-anteil wieder und bedeckt heutzutage ein Drittel der Fläche Deutschlands.

Und außerdem ...

Du willst sicherlich nicht
nur Pflanzen und Tiere
bestimmen, sondern auch
noch mehr darüber erfah-
ren, was man alles Span-
nendes rund ums Thema
Wald selbst erleben kann?
Dann blättere zu den Sei-
ten 78 bis 91. Hier erfährst
du beispielsweise, wie du
die Höhe eines Baumes
messen kannst, oder wann bestimmte Vögel morgens anfangen zu singen.
Außerdem findest du dort weitere Infos über den Wald, zum Beispiel wie
wichtig er für das Klima oder das Grundwasser ist.

Raus in die Natur!

Heutzutage kannst du wieder durch große Wälder streifen, nach Tieren,
Früchten oder Pilzen suchen, dir Verstecke bauen, auf Bäume
klettern oder einfach nur die frische, kühle Luft genießen.
Als Waldforscher solltest du immer einen Rucksack dabei-
haben, wenn du in den Wald gehst. Was du bei dem
Ausflug gut gebrauchen kannst, sind: Lupe, Fernglas,
Fotoapparat, Schnur und Draht zum Basteln, ein
Schnitzmesser, Plastikboxen und Tüten zum Sammeln
und natürlich dieses Bestimmungsbuch. Vielleicht
fallen dir noch andere nützliche Sachen ein.

Nun aber raus in den Wald und
viel Spaß beim Bestimmen, Erleben
und Ausprobieren!

Das Landkärtchen

Den Namen verdankt das Landkärtchen dem Muster auf der Flügelunterseite. Die ist wie ein Straßennetz mit lauter Linien durchzogen und erinnert an eine Landkarte. Im Frühjahr ist die Oberseite orangebraun mit vielen schwarzen Flecken. Die zweite Generation im Herbst ist dagegen braunschwarz mit einem etwas breiteren cremefarbenen Band und schmalen rötlichen Bändern.

So sehen Landkärtchen aus, die im Herbst aus der Puppe schlüpfen.

Schau genau!

So unangenehm Brennnesseln sein können, für viele Schmetterlinge sind sie wichtige Futterpflanzen der Raupen. Neben dem Landkärtchen legen noch wie hier das Tagpfauenauge, der Kleine Fuchs und der Admiral seine Eier auf Brennnesseln ab. Schaue dir die Brennnesselpflanzen einmal genau an.

Eier

In lichten Wäldern oder an Waldrändern findest du das Landkärtchen. Es braucht aber auch reichlich blühende Pflanzen und für die Eiablage Brennnesseln. Es lebt eher im Flachland und geht in den Bergen nicht über 1000 Meter Höhe.

Die Spannweite der ausgebreiteten Flügel beträgt 32 bis 43 mm.

Das Landkärtchen fliegt von April bis August.

Jan	Feb	Mär	Apr	Mai	Jun	Jul	Aug	Sep	Okt	Nov

Die Gemeine Skorpionsfliege

Die Skorpionsfliege ist an ihrer unge-
wöhnlichen Gestalt gut zu erkennen.
Der Mund ist wie ein Schnabel
verlängert, die Flügel sind dunkel
gefleckt und deutlich geädert und
die letzten Segmente des Hinterleibs
sind rot. Bei den Männchen ist er
wie bei einem Skorpion gebogen
und dient der Begattung, bei den
Weibchen ist er nur leicht nach oben
gebogen und dient als Legeröhre.

Erstaunlich!

Spannend ist, dass die Skorpionsfliege
sogar Spinnen ihre Beute aus dem
Spinnennetz klaut. Sie klettert über
das Netz, ohne kleben zu bleiben,
beziehungsweise kann sich mit ihrem
Speichel wieder lösen. Merkwürdig ist
auch, dass die Spinnen den Diebstahl
sogar bemerken, aber die Skorpionsfliege nicht angreifen. Warum das
so ist, haben die Forscher noch nicht
herausgefunden.

In feuchten Wäldern oder
schattigen Waldrändern und Wegen
ist die Skorpionsfliege unterwegs.
Dort sucht sie nach toten Insekten
oder klaut sie von anderen Tieren.

Weibchen

Die Gemeine Skorpionsfliege wird 30 mm lang.

Die Gemeine Skorpionsfliege fliegt von Mai bis August.

Feb | Mär | Apr | Mai | Jun | Jul | Aug | Sep | Okt | Nov | Dez

Die Dunkle Erdhummel

Sie ist eine unserer größten Hummeln, die du leicht an ihrer Färbung erkennen kannst. Der Po ist weiß und hinter dem Kopf und auf dem Hinterleib hat sie einen orangegelben Streifen. Der Rest ist schwarzbraun. An den Hinterbeinen sammelt sie den Blütenpollen, der dann richtig dicke „Höschen" bildet. Vorsicht, auch Hummeln können stechen.

Die Erdhummel kommt nicht tief im Wald vor, sondern ist in hellen, lichten Wäldern, Waldwegen und vor allem am Waldrand unterwegs. Auch in Parks und Gärten fliegt die Erdhummel auf der Suche nach Nektar und Pollen.

Wichtig zu wissen!

Wie die Honigbiene lebt die Erdhummel in Staaten. Unter den heimischen Hummeln bildet sie mit bis zu 600 Hummeln die größten Völker. Die Nester werden fast immer unterirdisch angelegt, in alten Mäusenestern oder Maulwurfsbauten. Bis zu 1,5 Meter tief im Boden können sie sich befinden. Dort ist die Königin im Winter natürlich auch gut vor dem Frost geschützt.

Die Dunkle Erdhummel wird 11 bis 23 mm lang.

Die Dunkle Erdhummel fliegt von März bis November.

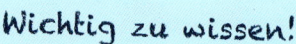

Jan	Feb	Mär	Apr	Mai	Jun	Jul	Aug	Sep	Okt	Nov

Die Riesenholzwespe

Sie ist eine auffallend große Holzwespe, die wegen ihrer gelb-schwarzen Färbung gern mit einer Hornisse verwechselt wird. Gut erkennen kannst du sie an ihren zwei gelben Wangenflecken und ihren zwei langen gelben Fühlern. Der Hinterleib ist gelb und hat einen langen Legebohrer. Das Männchen ist deutlich kleiner und hat einen gelbrötlichen Hinterleib.

Erstaunlich!

Den dünnen Legebohrer kann die Riesenholzwespe tief ins Holz stecken und ihre Eier ablegen. Die Larven fressen lange Gänge in das Holz. Bis sie schlüpfen, brauchen sie bis zu fünf Jahre. Manchmal ist das Holz dann schon verbaut und die Riesenholzwespe schlüpft tatsächlich im Haus.

Sie kommt regelmäßig in Nadelwäldern vor, da sie ihre Eier vorwiegend in Fichten und Tannen legt. Besonders an schwülheißen Tagen sieht man sie an liegenden Baumstämmen.

Die Riesenholzwespe wird 15 bis 40 mm lang.

Die Riesenholzwespe fliegt von Juni bis September.

Feb   Mär   Apr   Mai   Jun   Jul   Aug   Sep   Okt   Nov   Dez

Die Hornisse

Allein durch ihre Größe unterscheidet sich die Hornisse von den kleineren Wespen. Sonst erkennst du sie an der schwarz-roten Brust und dem roten Hinterkopf. Der Hinterleib ist rot, schwarz und vor allem gelb. Im Frühjahr fliegen nur die besonders großen Königinnen.

Hornissen bauen ihr Nest aus zerkautem Holz.

Wichtig zu wissen!

Vor Hornissen brauchst du keine Angst zu haben. Wenn du sie nicht gerade ärgerst oder ihrem Nest zu nah kommst, sind sie nicht aggressiv. Sie stören nicht beim Kaffeetrinken und ihr Stich ist auch nicht gefährlicher als der einer Biene oder Wespe. Hornissen sind nützliche Tiere, denn ein großes Volk fängt bis zu einem halben Kilo Insekten pro Tag, darunter viele schädliche Insekten.

In lichten Wäldern, Waldrändern, Parks und auch Gärten kommt die Hornisse regelmäßig vor. Die gelblichen bis rötlichen Nester werden in Baumhöhlen, Nistkästen oder Dachböden angelegt. Als Futter für ihre Brut fangen Hornissen andere Insekten. Selber schlecken sie Baumsäfte oder süßes Fallobst.

Die Hornisse wird 18 bis 35 mm lang.

Die Hornisse fliegt von April bis Oktober.

Jan	Feb	Mär	Apr	Mai	Jun	Jul	Aug	Sep	Okt	Nov

Die Rote Waldameise

Über eine Million Waldameisen können in einem Ameisenstaat zusammenleben. Bei der Roten Waldameise sind Kopfoberseite, Beine und Hinterleib braunschwarz. Der Rest ist rötlich gefärbt. Die Königin und das Männchen siehst du nur, wenn sie jung sind und gerade ausschwärmen. Nur dann haben sie Flügel. Den Rest ihres langen Lebens verbringt die Königin im Bau und legt Eier.

Königin

Arbeiterin

geflügeltes Männchen

Mach mit!

Förster lieben die Roten Waldameisen, da sie viele schädliche Insekten fressen. Das kannst du übrigens gut an den Pflanzen um einen Ameisenhaufen erkennen, denn sie wachsen dort viel besser. Bei Störungen verteidigen  die Ameisen ihr Nest und bespritzen den Feind mit Ameisensäure. Halte doch mal eine blaue Glockenblume an das Nest. Dort, wo die Ameisen mit ihrer Säure die Blüte treffen, wird sie rosa.

Die bis zu zwei Meter hohen Ameisenhaufen werden meist an sonnigen Stellen in Nadelwäldern angelegt. Der oberirdische Bau besteht vorwiegend aus Nadeln und ist unter der Erde noch einmal so groß. Die Ameisen sind ständig damit beschäftigt, ihn um- und auszubauen.

Ameisenhaufen

Arbeiterinnen werden zwischen 5 bis 7 mm, Königinnen 9 bis 11 mm lang.

Die Rote Waldameise ist von April bis Oktober unterwegs.

| Feb | Mär | Apr | Mai | Jun | Jul | Aug | Sep | Okt | Nov | Dez |

Der Lederlaufkäfer

Der größte heimische Laufkäfer ist tief schwarz gefärbt und glänzt manchmal etwas metallisch. Die großen Flügeldecken sind unregelmäßig gerunzelt. Mit seinen langen Beinen ist er ein schneller Läufer. Die Fühler sind relativ kurz und dünn. Dafür sind die Kiefer sehr kräftig und lassen die Beute, Würmer und Schnecken, nicht so schnell wieder los.

Erstaunlich!

Die großen Kiefer dienen vor allem dem Festhalten und Töten der Beute. Gefressen wird anders: Dafür würgt der Käfer einen Verdauungssaft auf seine Beute, der Fang wird dadurch aufgelöst und vorverdaut. Dann muss der Käfer nur noch den Brei aufschlürfen. Auch bei Gefahr gibt der Käfer den Verdauungssaft ab und spritzt gleichzeitig ein stark reizendes Sekret aus dem Hinterleib, um die Feinde abzuwehren.

Den Lederlaufkäfer findest du in leicht feuchten Laub- und Mischwäldern. Im Norden ist er etwas seltener. Er ist nachtaktiv und versteckt sich tagsüber in kleinen Erdlöchern, unter Steinen und Holzstücken.

Larve des Lederlaufkäfers

Der Lederlaufkäfer wird 30 bis 40 mm lang.

Der Lederlaufkäfer ist von April bis Oktober unterwegs.

Jan	Feb	Mär	Apr	Mai	Jun	Jul	Aug	Sep	Okt	Nov

Der Waldmistkäfer

Der schwarze, rundliche Käfer fällt mit einem violetten oder bläulichen Metallglanz auf. Die Flügeldecken sind längs gefurcht. Die Fühler sind an der Spitze fächerförmig verbreitert. Damit kann er seine Lieblingsnahrung, Kot und Mist, schon von Weitem riechen. Auch die Vorderbeine sind etwas verbreitert und an der Außenseite grob gesägt.

Mit den verbreiterten Vorderbeinen lässt es sich gut graben.

Wichtig zu wissen!

Es ist zwar etwas ekelig, aber die Mistkäfer ernähren sich vom Kot anderer Tiere. Der Waldmistkäfer nimmt auch gern den vom Menschen. Das ist für die „Sauberkeit" im Wald sehr wichtig. Wenn die Käfer ihre Eier legen, graben sie ein Loch in die Erde, von dem mehrere Kammern abgehen. In diese Kammern werden Kotpillen als Nahrung für die Larven eingetragen.

Der Waldmistkäfer kommt in unseren Wäldern häufig vor, vom Flachland bis in 2 000 Meter Höhe in den Bergen. Er gibt sogar Töne von sich. Hältst du dir einen Käfer ans Ohr, kannst du seine Protestlaute hören.

Der Waldmistkäfer wird 12 bis 19 mm lang.

Der Waldmistkäfer ist von Mai bis Oktober unterwegs.

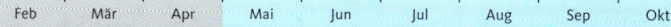

| Feb | Mär | Apr | Mai | Jun | Jul | Aug | Sep | Okt | Nov |

Der Hirschkäfer

Unser größter heimischer Käfer ist der Hirschkäfer. Das Männchen ist an seinem geweihartig vergrößerten Oberkiefer leicht zu erkennen. Beim Weibchen ist er ganz normal groß. Die Flügeldecken sind dunkel- bis kastanienbraun, während Kopf und Halsschild glänzend schwarz sind.

kämpfende Hirschkäfermännchen

Hirschkäfer kommen in alten natürlichen Eichenwäldern und Alleen, manchmal auch in Rindenmulchhaufen vor. Der Hirschkäfer gehört heute zu den stark gefährdeten Arten.

Wichtig zu wissen!

Die Larven leben fünf bis acht Jahre in zermürbtem Totholz, meist von Eichen, und können bis zu 10 cm lang werden. Dann verpuppen sie sich in einer faustgroßen Höhle in der Erde und entwickeln sich zum Käfer. Da viel Totholz in den Wäldern weggeräumt wird, fehlt es den Käfern an geeigneten Stellen zur Eiablage. So ist der Hirschkäfer selten geworden.

Bis zu drei Zentimeter lang kann das „Geweih" werden.

 Der Hirschkäfer wird 25 bis 75 mm lang.

Der Hirschkäfer ist von Juni bis etwa August unterwegs.

an	Feb	Mär	Apr	Mai	Jun	Jul	Aug	Sep	Okt	Nov

Der Rote Halsbock

Männchen und Weibchen sind deutlich unterschiedlich. Das Männchen ist kleiner, hat gelblich braune Flügeldecken und einen schwarzen Halsschild. Das Weibchen ist größer und bei ihr sind die Flügeldecken und der Halsschild rotbraun. Die Fühler sind mittellang und die Schenkel der Beine schwarz.

Schau genau!

Bockkäfer gehören mit ihren meist körperlangen Fühlern und ihrer oft hübschen Färbung zu den schönsten heimischen Käfern. Die meisten Larven ernähren sich von Holz, so auch beim Roten Halsbock. Du findest ihn auf toten Fichten- und Kiefernholzstämmen, in die das Weibchen seine Eier legt.

Rothalsbock-Käfer bei der Paarung. Weibchen sind mehr rötlich, die Männchen eher bräunlich gefärbt.

Auf Waldlichtungen und an Waldrändern findest du ihn sicher, den Roten Halsbock, der einer unserer häufigsten Bockkäfer ist. Er sitzt meist auf Doldenblüten, wo er den Pollen oder Teile der Blüte frisst.

Der Rote Halsbock wird 10 bis 20 mm lang.

Der Rote Halsbock ist von Juni bis September unterwegs.

Die Waldwolfsspinne

Der Vorderkörper ist an den Seiten dunkelbraun und hat in der Mitte einen breiten cremefarbenen Längsstreifen. Der Hinterkörper ist grau- bis rötlichbraun und hat helle Punktpaare. Auf den braunen Beinen kannst du dunklere Flecken erkennen. Schaust du mit der Lupe der Spinne in die Augen, wirst du staunen: Es sind acht Stück, wie übrigens bei den meisten Spinnen.

Eikokon

Den Eikokon trägt die Spinne mit sich herum, bis die kleinen Spinnen schlüpfen.

Wichtig zu wissen!

Zu den gefürchtetsten Waldbewohnern gehört die kleine Zecke. Nicht, weil sie schmerzhaft zusticht, sondern weil sie gefährliche Krankheiten übertragen kann wie die Frühsommer-Meningoenzephalitis (FSME) und die Borreliose. Deshalb suche dich nach einem Waldspaziergang immer nach Zecken ab! Das sind übrigens Spinnentiere mit acht Beinen. Mit Blut vollgesogen wird aus dem flachen Hinterleib eine erbsengroße Kugel. Meist spürst du die Zecke aber vorher, da die Stelle anfängt zu jucken.

Die Waldwolfspinne mag es warm und trocken. Sie lebt in lichten Wäldern, an Waldrändern und auf Lichtungen. Die Wolfsspinne baut übrigens kein Netz, sondern geht am Boden auf die Jagd nach Insekten. Sie ist sehr fürsorglich und trägt auch ihre geschlüpften Jungen eine Zeit lang auf dem Rücken.

Die Waldwolfsspinne wird ca. 5 bis 7 mm groß.

Die Waldwolfsspinne ist von April bis September unterwegs.

| Jan | Feb | Mär | Apr | Mai | Jun | Jul | Aug | Sep | Okt | Nov |

Die Rollassel

Die Rollassel sieht einer Kellerassel sehr ähnlich, der Körper ist aber hochgewölbter und wirkt viel geschlossener. Die Segmente sind fein punktiert und haben manchmal helle Flecken. Bei Gefahr kann sich die Rollassel, wie ihr Name sagt, zu einer geschlossenen Kugel fest zusammenrollen.

Bei Gefahr wird dicht gemacht.

Die Rollassel lebt vor allem in Wäldern. Eigentlich mag sie es lieber feucht, kommt aber wie die Kellerassel auch an trockeneren Orten vor. An steinigen Stellen und auf kalkhaltigen Böden ist sie häufig zu finden.

Wichtig zu wissen!

Die Asseln gehören zu der Familie der Krebse. Sie haben sich dem Leben an Land vollständig angepasst und sind die einzigen Krebse, die nicht einmal zur Vermehrung Wasser brauchen. Der Rollassel sehr ähnlich ist übrigens der Saftkugler, der sich auch zu einer Kugel zusammenrollen kann. Er gehört aber zu den Tausendfüßern und hat mehr Segmente als die Rollassel.

Die Rollassel wird 10 bis 12 mm lang.

Die Rollassel ist von April bis November unterwegs.

Feb	Mär	Apr	Mai	Jun	Jul	Aug	Sep	Okt	Nov

Der Schwarze Schnurfüßer

Der lange, braunschwarze Körper des Tausendfüßers besteht aus ca. 41 bis 56 Segmenten. An jedem Segment sitzen zwei weißliche Beinpaare, deshalb gehört er in die Gruppe der Doppelfüßer. So kommt er auf knapp über 200 Beine. Junge Tiere sind bräunlich und haben drei dunkle Längsbänder. Bei Gefahr rollt sich der Schwarze Schnurfüßer wie eine Schnecke zusammen.

Erstaunlich!

Den Rekord an Beinen hält ein seltener Tausendfüßer in Kalifornien mit 750 Beinen, obwohl er gerade mal 3,5 Zentimeter lang ist. Wesentlich länger ist der Riesenschnurfüßer aus Afrika mit einer Rekordlänge von 38 Zentimeter. Das ist aber nichts gegen Arthropleura aus dem Erdaltertum. Der Riese wurde 2,5 Meter lang.

Er lebt in allen Arten von Wäldern, in der feuchten Laubschicht oder unter Rinden. Oft kann man ihn aber auch an der Bodenoberfläche beobachten und er krabbelt sogar auf Bäume hinauf. Meist ist er nachtaktiv, zeigt sich aber auch immer wieder mal tagsüber. Er frisst Algen und Früchte.

Beobachte einmal das „Zusammenspiel" der Beine, wenn ein Tausendfüßer läuft.

Der Schwarze Schnurfüßer wird zwischen 19 bis 49 mm lang.

Der Schwarze Schnurfüßer ist von April bis November unterwegs.

| Jan | Feb | Mär | Apr | Mai | Jun | Jul | Aug | Sep | Okt | Nov |

Der Gemeine Steinläufer

Der rötlich braune Steinläufer hat 15 Beinpaare. Das letzte Beinpaar ist länger als die anderen. Damit hält er seine Beute fest, denn er jagt andere Insekten, Spinnen und Asseln. Hat er sie gepackt, lähmt er sie mit dem Gift seiner Giftdrüsen, zerteilt sie mit seinen kräftigen Kieferklauen und frisst sie auf. Vorsicht, die Kiefer dringen auch durch Menschenhaut. Das fühlt sich an wie ein Wespenstich.

Die nachtaktiven Tiere sind in Wäldern, Parks und Gärten verbreitet. Du findest sie unter der Rinde modriger Baumstämme oder unter Steinen. Der Steinläufer kann bis zu sechs Jahre alt werden.

Mach mit!

Unter der Rinde morscher Bäume, unter Steinen und Holzstücken verstecken sich gern Tiere, die es dunkel und feucht mögen. Wenn du die Sachen vorsichtig umdrehst, um nach Tieren zu sehen, lege sie hinterher bitte genauso wieder zurück, wie du sie gefunden hast. So störst du die Tiere möglichst wenig.

Der Gemeine Steinläufer wird zwischen 20 bis 32 mm lang.

Der Gemeine Steinläufer ist das ganze Jahr über unterwegs.

| Feb | Mär | Apr | Mai | Jun | Jul | Aug | Sep | Okt | Nov |

Die Gefleckte Schnirkelschnecke

Die Schnirkelschnecke hat ein kugelförmiges Gehäuse. Es ist braun mit gelblichen oder hellbraunen Flecken und Sprenkeln und hat ein braunes Band. Das Gehäuse ist sehr dünn, sogar etwas durchsichtig, mit fünf bis sechs Windungen. Die Öffnung hat einen weißen Saum. Die Schnecke selber ist dunkelgrau bis schwarz.

Die Gefleckte Schnirkelschnecke wird auch Baumschnirkelschnecke genannt, weil sie oft an Baumstämmen emporklettert. Sie lebt aber auch auf Wiesen, Gräben und Hecken. Den Winter verbringt sie eingegraben unter der Erde.

Wichtig zu wissen!

Die auffälligste und häufigste Schnecke ist die Spanische Wegschnecke. Es ist eine Nacktschnecke, die sich in den letzten 30 Jahren rasant ausgebreitet hat. Die Farbe ist sehr unterschiedlich, von orange, rot bis braunrot. In Gärten kann sie zur richtigen Plage werden, wenn sie die jungen Gemüsepflanzen und Blumen wegfrisst. Sie hat nur wenig Feinde, weil der zähe, bittere Schleim von den meisten Tieren verschmäht wird.

Die Gefleckte Schnirkelschnecke wird bis 3 cm lang.

Die Gefleckte Schnirkelschnecke ist von März bis November unterwegs.

| Jan | Feb | Mär | Apr | Mai | Jun | Jul | Aug | Sep | Okt | Nov |

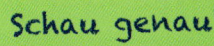

Der Laubfrosch

Die Oberseite des Laubfrosches ist leuchtend grün, manchmal sogar glänzend. Der Bauch und die Kehle sind weißlich und fein gepunktet. An der Körperseite zieht sich vom Auge bis zu den Hinterbeinen ein schwarzer Streifen. Im Spätfrühling sind abends seine knarrenden „ärrp-ärrp-ärrp-ärrp"-Rufe über einen Kilometer weit zu hören.

Schau genau!

Such die Laubfrösche nicht nur im Wasser oder auf dem Boden, denn es sind hervorragende Kletterer. Nicht umsonst heißen sie Laubfrösche, da sie in Sträucher und sogar in Baumkronen klettern können, wo sie super getarnt sind. Dabei helfen ihnen die rundlichen Haftballen an den Zehenspitzen. Damit können sie sich sogar an glatten Glasscheiben festhaften.

Typisch Laubfrosch, du findest ihn gemütlich sitzend auf Blättern oder Ästen.

Froschlaich

Im Frühling sammeln sich die Laubfrösche in kleineren Teichen, in Bach- und Flussauen. Nach der Eiablage (Laichen) wandern sie in ihr Sommerquartier, das sind Auwälder, Hecken, Schilfbestände oder Feuchtwiesen. In vielen Gegenden sind die Laubfrösche schon selten geworden.

Kaulquappe

Der Laubfrosch wird 3 bis 5 cm lang.

Der Laubfrosch ist von April bis Oktober unterwegs.

| Feb | Mär | Apr | Mai | Jun | Jul | Aug | Sep | Okt | Nov | Dez |

Der Feuersalamander

Der Feuersalamander ist unverkennbar. Die schwarze, glänzende Haut ist mit großen gelben Flecken und Streifen versehen. Der Anteil von schwarz und gelb kann sehr unterschiedlich sein.
So sind auf hellen Böden Salamander mit viel Gelb häufiger, auf dunklen Böden überwiegt der schwarze Anteil.

Die Larven des Feuersalamanders atmen über äußere Kiemen, das sind die „Büschel" am Kopf.

Erstaunlich!

Feuersalamander können unglaublich alt werden. Ein in Gefangenschaft lebender Salamander wurde über 50 Jahre alt. Aber auch in Freiheit erreichen sie ein Alter von über 20 Jahren. Du solltest einen Feuersalamander nicht anfassen. Er kann ein giftiges Sekret absondern, das auf deiner Haut leicht brennt. Hunde und Katzen können sogar sterben, wenn sie einen Salamander fressen. Das Gift schützt seine Haut vor Bakterien und Pilzen.

In feuchten Laubwäldern der Mittelgebirge ist der Feuersalamander zu Hause. Er fehlt im norddeutschen Tiefland und östlich der Elbe. Das Weibchen legt keine Eier, sondern setzt im Frühjahr die Larven direkt ins Wasser ab, meist in einen kalten, klaren Waldbach. Feuersalamander sind nachtaktiv, bei Regen suchen sie aber auch tagsüber nach Nahrung.

Der Feuersalamander wird mit Schwanz bis zu 23 cm lang.

Der Feuersalamander ist zwischen März und Oktober/November aktiv.

Jan	Feb	Mär	Apr	Mai	Jun	Jul	Aug	Sep	Okt	Nov

Der Große Abendsegler

Der Abendsegler ist eine große Fledermaus mit einer Spannweite von 40 Zentimetern. Die Flügelspitzen sind relativ schmal. Die großen Ohren sind recht breit und an den Spitzen abgerundet. Das kurze Fell ist auf der Oberseite rostrot, auf der Unterseite etwas heller. Hast du gute Ohren? Dann kannst du die „klick"-Laute beim Jagdflug hören. Bei den meisten anderen Fledermausarten funktioniert das nicht.

Der Abendsegler ist ein ausdauernder Flieger.

Wichtig zu wissen!

Der Abendsegler ist eine Wanderfledermaus. Die Weibchen und ein Teil der Männchen fliegen ab März nach Nordosten. Dort werden die Jungen geboren und großgezogen. Im Herbst ziehen sie dann wieder nach Südwesten und suchen ihre Winterquartiere auf. Abendsegler sind teilweise auch tagsüber unterwegs und fliegen sogar an warmen Tagen im Winter.

Ursprünglich ist der Abendsegler eine Waldfledermaus. Auf der Jagd kannst du ihn über Feldern beobachten. Heute besiedelt er aber auch Städte und jagt gern in Parks oder Friedhöfen. Den Tag verbringt er in Baumhöhlen, Fledermauskästen oder in Spalten von Gebäuden.

Der Große Abendsegler kann maximal etwa 8 cm lang werden.

Den Großen Abendsegler kannst du von März bis November beobachten.

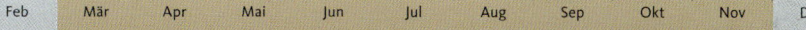

Feb	Mär	Apr	Mai	Jun	Jul	Aug	Sep	Okt	Nov	Dez

Die Gelbhalsmaus

Der namensgebende gelbe Fleck an der Kehle ist schwer zu sehen, aber die mittelgroße Maus ist auch gut an der rotbraunen Oberseite, der fast weißen Unterseite, den großen Ohren, den schwarzen Knopfaugen und den weißen Hinterfüßen zu erkennen. Der Schwanz ist etwa so lang wie die Maus selbst. Ihre Hauptnahrung sind Samen, Nüsse und Früchte. Ab und zu frisst sie auch Insekten und Larven.

Wichtig zu wissen!

Zwei- bis viermal im Jahr bekommt eine Gelbhalsmaus Nachwuchs. Die Jungen, es sind vier bis acht Stück, können schon nach zwei Monaten wiederum Junge bekommen. So kommen ganz schön viele Mäuse zusammen. Doch Feinde wie Eulen, Füchse oder Marder lauern überall und viele Mäuse werden meist nicht alt.

Für den Winter legt sich die Gelbhalsmaus Vorräte aus Nüssen und Samen an.

Die Gelbhalsmaus bewohnt vor allem die Laubwälder der Mittelgebirge. In Nadelwäldern ist sie deutlich seltener. Als nachtaktive Maus verschläft sie den Tag in Baumhöhlen oder in Höhlen zwischen den Wurzeln. Sie kann prima klettern und verbringt viel Zeit in Bäumen.

Die Gelbhalsmaus wird (ohne Schwanz) 8,8 bis 13 cm lang.

Die Gelbhalsmaus ist das ganze Jahr über aktiv.

| Jan | Feb | Mär | Apr | Mai | Jun | Jul | Aug | Sep | Okt | Nov |

Der Siebenschläfer

Auf den ersten Blick sieht der Siebenschläfer aus wie ein kleines graues Eichhörnchen. Doch es gibt deutliche Unterschiede: Er hat große schwarze Augen, rundliche Ohren und lange schwarze Tasthaare an der Schnauze. Der buschige Schwanz ist 11 bis 15 Zentimeter lang und hilft beim Klettern und Springen. Siebenschläfer können quiecken, grummeln oder pfeifen.

Siebenschläfer kommen häufig in Laub- und Laubmischwäldern vor, aber auch auf Streuobstwiesen, in Parks und Gärten. Reine Nadelwälder meiden sie. Den Tag verschlafen sie in Baumhöhlen oder Nistkästen. Nachts klettern sie durchs Geäst und suchen Früchte, Nüsse, Knospen und Rinde. Im Sommer plündern sie auch mal ein Vogelnest.

Erstaunlich!

Dieser kleine Kobold erobert auch gern Dachböden, wo er ganz schön Radau machen kann. Schon mancher Hausbesitzer hat die Polizei gerufen, weil er glaubte, er hätte einen Einbrecher im Haus. Seinen Namen hat er vermutlich daher, weil er den Winter über sieben bis acht Monate schläft.

Der Siebenschläfer wird (ohne Schwanz) 13 bis 18 cm lang.

Den Siebenschläfer kannst du von April bis September beobachten.

Feb	Mär	Apr	Mai	Jun	Jul	Aug	Sep	Okt	Nov	Dez

Das Eichhörnchen

Typisch für das Eichhörnchen ist das rotbraune Fell und der buschige Schwanz. Er ist fast so lange wie das Eichhörnchen (15 bis 20 Zentimeter) selbst. An Bauch und Brust ist das Fell weißlich. Die Ohren haben im Winter zwei auffällig spitze Haarbüschel, die Pinselohren genannt werden. Das Eichhörnchen ruft häufig ein schmatzendes „Tschuck Tschuck".

Das Eichhörnchen fühlt sich in allen Wäldern wohl, auch in Parks und auf Friedhöfen. In finsteren Nadelwäldern ist das Fell zur besseren Tarnung dunkelbraun bis schwarz. Da Eichhörnchen besonders tagaktiv sind, kannst du sie gut beobachten, wie sie flink durch die Äste springen. Zum Schlafen baut sich das Eichhörnchen in den Baumkronen einen Kobel, eine Art geschlossenes Nest. Im Winter hält es an kalten Tagen Winterruhe.

Wichtig zu wissen!

Eichhörnchen vergraben im Herbst viele Nüsse und Eicheln als Wintervorrat. Viele dieser Verstecke finden sie wieder. Dabei hilft ihnen auch ihre gute Nase. So finden sie die Nüsse noch unter einer dicken Schnee- oder Laubschicht und können sogar riechen, ob eine Nuss noch essbar ist. Damit vermeiden sie, eine harte Nuss mühsam aufzubeißen, die dann am Ende schlecht ist.

Das Eichhörnchen wird (ohne Schwanz) 20 bis 25 cm lang.

Das Eichhörnchen kannst du das ganze Jahr über beobachten.

| Jan | Feb | Mär | Apr | Mai | Jun | Jul | Aug | Sep | Okt | Nov |

Der Igel

Der Igel ist unser einziges heimisches Säugetier mit Hunderten spitzer Stacheln. Unter den Stacheln und auf der Brust trägt er ein braunes Fell, deshalb wird er auch Braunbrustigel genannt. In Osteuropa gibt es auch einen Weißbrustigel. Die Schnauze ist spitz zulaufend und hat eine schwarze Nase. Bei Gefahr kann er sich zu einer stacheligen Kugel zusammenrollen.

Mach mit!

Hast du einen Garten, kannst du dem Igel ein Versteck für sein Nest oder einen Schlupfwinkel für den Winter bauen. In einer Ecke des Gartens legst du einen Reisig- oder Holzhaufen an. Toll wäre es, wenn du eine feste Holzkiste mit Eingang hast, die du unten in den Haufen stellen kannst. Mit etwas Glück zieht bei dir ein Igel ein.

Winterquartier eines Igels

Halte doch mal nach Spuren Ausschau, die der Igel auf seiner Wanderung durch den Garten hinterlässt.

Igel leben in lichten Wäldern und an Waldrändern, aber auch in offenen Landschaften mit Hecken und Gebüsch. Selbst im Garten kann er dir begegnen. Nur Nadelwälder oder zu feuchte Gebiete mag er nicht. Den Winter verschläft er in einem geschützten Versteck, das er mit Laub auspolstert.

Der Igel kann bis zu 30 cm lang werden.

Der Igel ist von April bis November aktiv.

| Feb | Mär | Apr | Mai | Jun | Jul | Aug | Sep | Okt | Nov | Dez |

Der Baummarder

Als Erstes fällt das kastanienbraune Fell mit dem gelblichen Fleck auf Kehle und Vorderbrust auf. Beim verwandten Steinmarder ist der Fleck weiß und gegabelt. Der Schwanz ist lang (16 bis 28 Zentimeter) und buschig und hilft ihm, beim Klettern das Gleichgewicht zu halten. Die Nasenspitze ist dunkel. Besonders zur Paarungszeit kannst du seine fauchende oder kreischende Stimme hören.

Baummarder sind sehr geschickte Kletterer.

Erstaunlich!

Der Baummarder wird auch Edelmarder genannt, da er ein weicheres Fell als der Steinmarder hat. Er ist der beste Kletterer unter den Säugetieren, kann vier Meter weite Sätze durch die Baumkronen machen und die Stämme kopfüber nach unten laufen. So erwischt er selbst die flinken Eichhörnchen.

Der scheue Baummarder lebt in großen Wäldern, in den Bergen sogar bis zur Baumgrenze. Selten kommt er auch in Parks vor. Er geht viel in den Bäumen auf die Jagd, besonders nach Eichhörnchen und Vögeln. Zwischendurch frisst er aber auch Insekten, Beeren oder Obst.

Der Baummarder wird (ohne Schwanz) 45 bis 58 cm lang.

Den Baummarder kannst du das ganze Jahr über beobachten.

| Jan | Feb | Mär | Apr | Mai | Jun | Jul | Aug | Sep | Okt | Nov |

Der Rotfuchs

Namensgebend ist die rotbraune Oberseite des Fuchses. Dagegen sind Kehle und Unterseite weißlich, die Beine dunkelbraun bis schwarz. Die Ohren stehen aufrecht und sind äußerst beweglich. Der lange buschige Schwanz (ca. 40 Zentimeter) dient ihm bei großen Sprüngen als Steuer oder beim Schlafen als Kissen.

Fuchswelpen verlassen mit etwa einem Monat erstmals den Bau.

Wichtig zu wissen!

Früher wurde der Fuchs stark bejagt, weil er einer der Hauptüberträger der Tollwut war, einer für Menschen tödlichen Krankheit. Doch seit die Tollwut eingedämmt wurde, haben sich die Füchse wieder stark vermehrt. Heute hat der Fuchs als Überträger des Fuchsbandwurmes einen schlechten Ruf, obwohl die Gefahr sich anzustecken äußerst gering ist.

Nicht umsonst wird der Fuchs als schlau bezeichnet, denn er passt sich seiner Umwelt prima an. So lebt er nicht nur in unterschiedlichen Waldgebieten und in Feldgehölzen, sondern auch in Großstädten. Als Allesfresser findet er genügend Nahrung. Seinen Fuchsbau gräbt er entweder selber oder er nutzt einen alten Bau vom Dachs. Manchmal wohnen Dachs und Fuchs auch in einem Bau.

Der Rotfuchs wird (ohne Schwanz) 62 bis 75 cm lang.

Den Rotfuchs kannst du das ganze Jahr über beobachten.

Feb	Mär	Apr	Mai	Jun	Jul	Aug	Sep	Okt	Nov	Dez

Der Dachs

Der schwarz-weiß gestreifte Kopf ist das Markenzeichen des Dachses. Während der Kopf eher lang und schmal ist, wirkt der Körper sehr kräftig. Die Oberseite ist silbergrau, die Beine sind schwarz behaart. An den Pfoten hat der Dachs kräftige Grabklauen. Dachse sind die größten heimischen Marder und fressen Regenwürmer und Insekten, aber auch Feldfrüchte, Eicheln und Nüsse.

Erstaunlich!

So ein Dachsbau kann ziemlich groß werden. Schon ein einfacher Bau hat einen Durchmesser von ca. 30 Metern und mehrere Eingänge. Der Schlafraum liegt in etwa fünf Metern Tiefe. Ein Dachsbau kann über Jahrzehnte genutzt werden. In England wurde ein Bau gefunden, der ca. 50 Kammern, 187 Eingänge und ein 879 Meter langes Tunnelsystem hatte.

Den Dachs findest du an Waldrändern mit dichtem Unterwuchs. Er bevorzugt Laubmischwälder. Geschlossene Waldgebiete oder reine Nadelwälder meidet er dagegen. Seine reich verzweigten unterirdischen Höhlen gräbt er gern in Hänge. Dachse sind nur nachts unterwegs. Ist der Winter sehr kalt, bleibt der Dachs in seinem Bau und hält Winterruhe.

Hier war kein Bär unterwegs, sondern ein Dachs
(Abdruck: 5 bis 7 cm lang)

Der Dachs wird mit Schwanz etwa 81 cm lang.

Den Dachs kannst du das ganze Jahr über beobachten.

Jan   Feb   Mär   Apr   Mai   Jun   Jul   Aug   Sep   Okt   Nov

Das Wildschwein

In unseren Wäldern ist das Wildschwein unverwechselbar. Von der Seite wirkt das Schwein sehr massig, da der Kopf fast ohne Hals in den Körper übergeht. Von vorn betrachtet ist es aber recht schmal, so kann es sich leicht durchs Gebüsch zwängen. Das kurze, borstige Fell ist braunrot bis schwarz. Die Nase ist ein kurzer kräftiger Rüssel. Das Männchen (Keiler) hat zwei lange und gefährliche Eckzähne. Das Weibchen wird Bache, das Ferkel Frischling genannt.

Ein Keiler ist an seinem Kopf gut von einer Bache zu unterscheiden.

Wichtig zu wissen!

Der Rüssel vom Wildschwein dient nicht nur zum Umgraben und Wühlen im Boden, es kann damit auch ganz hervorragend riechen. Damit findet es Leckereien im Boden wie Wurzeln, Pilze oder Würmer. Früher wurden Schweine zur Trüffelsuche eingesetzt und es gab sogar ein Polizei- schwein, das Rauschgift und Sprengstoffe erschnüffeln konnte.

Wildschweine kommen fast überall vor, ihre größte Verbreitung haben sie in dichten Laub- und Laubmischwäldern. Die schlauen Allesfresser haben selbst Großstädte wie Berlin erobert und wühlen zum Ärger vieler Gartenbesitzer die Blumenbeete und Rasenflächen um.

Das Wildschwein wird 1,1 bis 1,8 m lang.

Das Wildschwein kannst du das ganze Jahr über beobachten.

| Feb | Mär | Apr | Mai | Jun | Jul | Aug | Sep | Okt | Nov | Dez |

Der Wolf

Der Wolf sieht einem großen Schäferhund recht ähnlich. Auf dem Rücken und dem Schwanz hat das Fell viele graue und schwarze Haare. Der Bauch, die Beine und die Schnauze sind heller und mehr rötlich-braun gefärbt. Wölfe leben in kleinen Rudeln. Mit ihrem bekannten Wolfsgeheul markieren sie ihr Revier.

Normalerweise leben Wölfe in einem Rudel.

Wichtig zu wissen!

Die Angst vor Meister Isegrim, so heißt der Wolf in Märchen, ist eigentlich unbegründet. Natürlich kann es vorkommen, dass er sich zum Beispiel ein schwaches Schaf aus einer Herde holt. Vor Menschen haben Wölfe einen riesigen Respekt und greifen nicht an. Sie sind eher scheu und du brauchst ganz viel Glück, überhaupt einmal einen beobachten zu können.

In Deutschland wurde der letzte frei lebende Wolf im Jahr 1904 erschossen. Die Angst vor Wölfen war groß und viele hatten Sorge, dass ihre Haustiere von Wölfen angegriffen werden könnten. Seit 2000 gibt es wieder Wölfe in Deutschland. Heute sind es ca. 20 Rudel. Auch ein paar einzelne Wölfe sind unterwegs. Sie leben vor allem in Ostdeutschland und breiten sich langsam wieder aus.

Der Wolf wird (ohne Schwanz) bis 1,3 m lang.

Der Wolf ist das ganze Jahr über aktiv.

Jan	Feb	Mär	Apr	Mai	Jun	Jul	Aug	Sep	Okt	Nov

Das Reh

Die kleinste Hirschart in unseren Wäldern ist das Reh. Die Schulter ist maximal 75 Zentimeter hoch. Trotzdem wirkt das Reh mit den dünnen Beinen und dem langen Hals viel größer. Im Sommer ist das Fell rotbraun, im Winter graubraun. Der weißliche Fleck am Po wird in der Jägersprache Spiegel genannt. Nur das Männchen, der Rehbock, hat ein kleines, verzweigtes Geweih.

Rehe leben gern in abwechslungsreichen Mischwäldern. Das heißt, neben dem Wald mit viel Unterholz und Sträuchern zum Verstecken, brauchen sie auch Lichtungen, Wiesen und Felder. In dichten Wäldern wirst du sie dagegen nicht finden. Im Herbst und Winter sind die Rehe in kleinen Gruppen unterwegs. Während der übrigen Zeit des Jahres sind sie eher Einzelgänger.

Wichtig zu wissen!

Im Mai werden die jungen Rehkitze geboren, oft auf einer Wiese in der Nähe von schützendem Dickicht. Die ersten Tage bleiben sie da ganz allein, die Mutter kommt nur zum Säugen. Durch die weißen Punkte auf dem Fell ist das Kitz aus der Luft perfekt getarnt und da es selber noch keinen Geruch hat, wird es auch nicht von Füchsen oder Hunden entdeckt. Findest du zufällig ein Kitz, fasse es auf keinen Fall an, denn sonst riecht es nach Mensch und die Mutter nimmt es nicht mehr an!

Das Reh wird 0,9 bis 1,4 m lang.

Das Reh kannst du das ganze Jahr über beobachten.

Feb	Mär	Apr	Mai	Jun	Jul	Aug	Sep	Okt	Nov	Dez

Der Rothirsch

Das größte in Deutschland lebende Wildtier ist der Rothirsch. Das Männchen ist an seinem großen Geweih leicht zu erkennen. Weibchen tragen dagegen kein Geweih. Das Sommerfell ist rotbraun. Im Winter wird es graubraun, doppelt so lang und schön dicht und warm. Im Herbst kannst du die Männchen gut hören, wenn sie während der Paarungszeit laut röhren. Das hört sich im Dunkeln ziemlich gruselig an.

Wichtig zu wissen!

Das prächtige Geweih des Männchens wächst jedes Jahr neu. Zwischen Februar und März wird es abgeworfen, danach fängt sofort ein neues an zu wachsen. Schon nach fünf Monaten ist es fertig. Dann fegt der Hirsch die sogenannte Basthaut vom Geweih ab, die vorher das Geweih eingehüllt und mit Nährstoffen versorgt hat. Erst jetzt ist das Geweih fest und hart und kann bei den Kämpfen um die Weibchen eingesetzt werden.

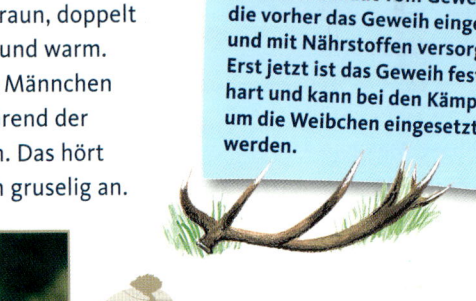

Rothirsche sind anpassungsfähig und kommen in vielen Lebensräumen zurecht. In Deutschland leben sie aber vor allem in großen Waldgebieten, möglichst weit weg von Menschen. Zum Fressen kommen sie auch auf Lichtungen und an Waldränder. Hirsche leben meist in Rudeln, nur alte Männchen ziehen als Einzelgänger durch den Wald.

Weibchen mit Kitz

Der Rothirsch wird 1,6 bis 2,6 m lang.

Den Rothirsch kannst du das ganze Jahr über beobachten.

Jan	Feb	Mär	Apr	Mai	Jun	Jul	Aug	Sep	Okt	Nov

Das Wintergoldhähnchen

Der kleinste Brutvogel in unseren Wäldern ist das Wintergoldhähnchen. Es hat ein graugrünes Gefieder, eine weiße Flügelbinde und einen leuchtend gelben, schwarz eingerahmten Scheitelstreif. Es singt mit seiner hohen und feinen Stimme ein auf- und absteigendes *„Zi-si Zi-si Zi-si"*. Die Stimme ist so hoch, dass sie ältere Menschen, die meist hohe Töne schlechter wahrnehmen, manchmal nicht mehr hören.

Scheitelstreif

Flügelbinde

Als reinen Nadelwaldbewohner findest du das Wintergoldhähnchen in Fichten- und Tannenwäldern. Dort turnt es meist oben in den Wipfeln herum und sucht die äußeren Zweige nach Insekten ab. Im Winter kommt es auch mal zum Fettfutter an die Futterstelle.

Erstaunlich!

Er ist nicht nur der kleinste, sondern mit fünf Gramm auch der leichteste Vogel Mitteleuropas. Damit wiegt er etwa so viel wie zwei Stück Würfelzucker. Weil er so klein ist, muss er ständig fressen, um genügend Energie zu haben, sonst würde er frieren. So vertilgt das Goldhähnchen täglich mindestens so viele Insekten, wie es selber wiegt. Im Winter verhungern viele Goldhähnchen.

Das Wintergoldhähnchen wird 8 bis 9 cm groß.

Das Wintergoldhähnchen kannst du das ganze Jahr über beobachten.

Feb	Mär	Apr	Mai	Jun	Jul	Aug	Sep	Okt	Nov	Dez

Der Zaunkönig

Klein aber oho! Seine laute Stimme traut man diesem rundlichen Winzling
nicht zu. Selbst im Winter kannst du sie hören. Auch sonst ist der Zaunkönig sehr ausdauernd, weil er wie eine kleine Maus von Busch
zu Busch durchs Unterholz flitzt. Dabei hält er seine kurzen
Schwanzfedern oft steil aufwärtsgerichtet. Außerdem
erkennst du ihn an dem braunen, gebänderten
Rückengefieder und dem weißem Überaugenstreif.

Nach etwa 14 Tagen verlassen die Jungvögel das Nest, bleiben aber auch
nach dem Flüggewerden noch
lange zusammen.

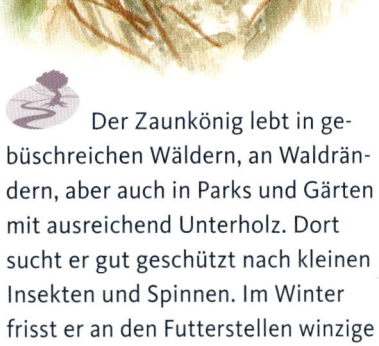

Wichtig zu wissen!

Der Winter ist für den Zaunkönig
als Insektenfresser eine sehr harte
Zeit. Besonders in langen Wintern
mit viel Schnee findet er kaum
etwas zu fressen. Dann überleben
von zehn Vögeln nur zwei bis
drei. Zum Glück vermehren sich
Zaunkönige sehr schnell, denn sie
brüten zweimal im Jahr und legen
fünf bis acht Eier.

Der Zaunkönig lebt in ge-
büschreichen Wäldern, an Waldrändern, aber auch in Parks und Gärten
mit ausreichend Unterholz. Dort
sucht er gut geschützt nach kleinen
Insekten und Spinnen. Im Winter
frisst er an den Futterstellen winzige
Samenkörner und das Fettfutter.

Der Zaunkönig wird 9 bis 10 cm groß.

Den Zaunkönig kannst du das ganze Jahr über beobachten.

Der Waldlaubsänger

Der Waldlaubsänger ist ein sehr unauffälliger Vogel. Mit seinem Gefieder ist er im Laub gut getarnt. Seine Oberseite ist moosgrün, die Unterseite weiß und die Kehle, die Kopf- und Brustseiten sowie der Überaugenstreif sind zitronengelb. Du kannst dir aber seinen typischen Gesang gut merken. Wie ein hüpfender Tischtennisball beginnt er erst langsam und endet in einem schnellen Schwirrton „zip----zip---zip--zip-zip-zwirrrrrrrr".

Wichtig zu wissen!

Obwohl der Waldlaubsänger vor allem in den Baumkronen zu entdecken ist, baut er sein Nest auf dem Boden. Es ist gut versteckt im Gestrüpp aus Gras und Laub und so angelegt, dass es der Vogel von einem niedrigen Zweig aus sehen kann. Fliegt er zum Nest, benutzt er immer die gleichen Äste, die wie eine Treppe zum Nest führen.

Der Vogel kommt in alten Laubwäldern vor, in denen die Bäume nicht zu dicht stehen und er viel Platz unter dem Laubdach hat. So lebt er vor allem in alten Buchen- und Eichenwäldern. Etwas seltener findest du ihn auch in Laubmischwäldern und in Parks. Im Herbst macht sich der kleine Waldlaubsänger auf eine lange Reise bis ins tropische Afrika.

Der Waldlaubsänger wird 11 bis 12,5 cm groß.

Den Waldlaubsänger kannst du von April bis August bei uns beobachten.

Feb | Mär | Apr | Mai | Jun | Jul | Aug | Sep | Okt | Nov | Dez

Das Rotkehlchen

Von hinten siehst du nur ein einfarbiges oliv- oder graubraunes Rückengefieder. Damit ist das Rotkehlchen im Unterholz bestens getarnt. Dagegen ist es von vorn leicht an seinen großen schwarzen Augen und dem orangeroten Gesicht und Kehllatz zu erkennen. Als Früh-aufsteher singt es als einer der ersten Vögel in der Morgendämmerung sein melodisches und leicht trauriges Lied. Und am Abend ist es einer der letzten Vögel, die Ruhe geben.

Wichtig zu wissen!

Das Rotkehlchen sieht zwar recht harmlos aus, aber sein Revier verteidigt es sehr aggressiv. An-dere Rotkehlchen werden sofort vertrieben und es kann zu sehr heftigen Kämpfen kommen. Auch bei der Futtersuche scheucht es gern mal andere Vogelarten weg, die es beim Suchen stören.

Bei den Rotkehlchen sehen Weibchen und Männchen gleich aus.

Die Jungen sind mit dem bräunlichen Gefieder per-fekt getarnt.

In unterholzreichen Wäldern kommt das Rotkehlchen häufig vor, besonders wenn noch Wasser in der Nähe ist. Aber du kannst es auch in Parks und Gärten und im Winter am Futter-häuschen entdecken. Das kugelige Nest baut es nahe am Boden.

Das Rotkehlchen wird 13 bis 14 cm groß.

Das Rotkehlchen kannst du das ganze Jahr über beobachten.

| Jan | Feb | Mär | Apr | Mai | Jun | Jul | Aug | Sep | Okt | Nov |

Der Kleiber

Als einziger heimischer Vogel kann der Kleiber kopfüber die Baumstämme hinunterlaufen. Aber auch sonst ist er leicht an seiner orangeroten Unterseite, dem graublauen Rücken, der weißen Wange und dem schwarzen, langen Augenstreif zu erkennen. Mit seinen lauten und kräftigen Rufen *„tuit-tuit-tuit"* macht er auf sich aufmerksam. So ist der Kleiber kaum zu übersehen.

Schau genau!

Wenn der Waldbaumläufer am Baumstamm hochläuft, könntest du ihn fast mit einem Kleiber verwechseln. Er hat jedoch eine braun-weiß gemusterte Oberseite, eine perfekte Tarnung. In Ritzen und Rindenspalten sucht er mit seinem langen, gebogenen Schnabel nach kleinen Insekten. Er läuft die Baumstämme immer spiralförmig um den Stamm hinauf und fliegt dann an den Stammfuß eines benachbarten Baumes.

Seinen Namen hat der Kleiber von „Kleben". Ist ihm der Eingang einer Bruthöhle zu groß, verkleinert er den Eingang mit Lehm.

Der Kleiber lebt in Laub und Mischwäldern und ist auch in Parks zu Hause. Er mag besonders die großen und alten Bäume. Im Winter kommt er gern an die Futterstellen, um Sonnenblumenkerne zu stibitzen.

Der Kleiber wird 13 bis 14 cm groß.

Den Kleiber kannst du das ganze Jahr über beobachten.

| Feb | Mär | Apr | Mai | Jun | Jul | Aug | Sep | Okt | Nov | Dez |

Die Kohlmeise

Die Kohlmeise ist an der gelben Unterseite mit dem schwarzen Mittelstreifen, dem olivgrünen Rücken, dem bläulichen Schwanz und den Flügeln und natürlich an dem schwarzen Kopf mit den weißen Wangen gut zu erkennen. Sie ist nicht nur unsere häufigste Meise, sondern auch die größte und lauteste, wenn sie im Frühling kräftig „Zizidäh-zizidäh" ruft.

Kohlmeise auf Insektensuche

Schau genau!

Die Nistkästen und Höhlen werden nicht nur zum Brüten genutzt. Im Herbst und Winter schlafen Kohlmeisen auch darin, weil es dort wärmer ist. Vielleicht kannst du in der Abenddämmerung beobachten, wie eine Kohlmeise in einen Nistkasten schlüpft. Wird es im Winter nachts sehr kalt, können die Kohlmeisen sogar ihre Körpertemperatur von 41,8 °C bis auf ca. 32 °C absenken. So sparen sie viel Energie.

Außer ein paar Bäumen, einer Höhle oder einem Nistkasten zum Brüten und genügend Futter braucht die Kohlmeise nicht viel. So kommt sie in allen Arten von Wäldern vor und gehört zu den häufigsten Vögeln in Parks und Gärten. Im Winter kannst du sie am Futterhäuschen beobachten. Dort vertreibt sie öfter mal die schwächeren Vögel.

Die Kohlmeise wird 13 bis 15 cm groß.

Die Kohlmeise kannst du das ganze Jahr über beobachten.

Die Blaumeise

Der blauweiße Kopf, die bläulichen Flügel und der blaue Schwanz haben der Blaumeise ihren Namen gegeben. Sonst hat sie wie die Kohlmeise eine gelbe Unterseite, aber nur einen unauffälligen schwarzen Mittelstrich und einen grünlichen Rücken. Die Blaumeise singt hell „Zi-zi-zirrr".

Wichtig zu wissen!

Die Tannenmeise sieht auf den ersten Blick aus wie eine blasse Kohlmeise. Bis auf einen weißen Nackenstrich ist die schwarz-weiße Kopfzeichnung sehr ähnlich. Die Unterseite ist beige ohne den schwarzen Mittelstreif, der Rücken eher blaugrau. Gern ruft die Meise von der Baumspitze aus ein wiederholtes „sitTjü-sitTjü-sitTjü". Die Tannenmeise ist ein Nadelwaldbewohner, vor allem in Fichten- und Tannenwäldern. Oft reicht ihr aber auch eine größere Gruppe Nadelbäume in einem Mischwald.

Unsere zweithäufigste Meise findest du in fast allen Wäldern, nur in reinen Nadelwäldern kommt sie eher an den Waldrändern vor. In Parks und Gärten ist sie auch ein häufiger Brutvogel. Sie nutzt dafür Höhlen und Nistkästen. Am Futterhäuschen kannst du sie im Winter sicher entdecken. Kleine Meisentrupps streifen häufig durch die Gärten.

Die Blaumeise wird 10 bis 12 cm groß.

Die Blaumeise kannst du das ganze Jahr über beobachten.

Feb   Mär   Apr   Mai   Jun   Jul   Aug   Sep   Okt   Nov   Dez

Der Buchfink

Mit seinem graublauen Oberkopf und Nacken, rostroten Gesicht, Bauch und der Brust sowie dem braunen Rücken ist der Buchfink einer unserer schönsten Finken. Im Flug fallen die beiden weißen Flügelbinden sofort auf. Das Weibchen ist blasser und brauner gefärbt. Seine kurze Gesangsstrophe kannst du dir gut mit dem Satz „bin ich nicht ein schöner Bräutigam" merken. Ansonsten ruft er ein kräftiges „pink".

Schau genau!

Kannst du im Winter weibliche Buchfinken im Wald oder am Futterhäuschen entdecken? Wahrscheinlich nicht. Die Weibchen und Jungvögel überwintern nämlich südlich der Alpen und nur die Männchen bleiben im Winter hier. Dann bilden sie oft große Schwärme.

Weibchen

Achte bei einem Spaziergang im Wald auf die verschiedenen Bäume. Unter Buchen kannst du im Herbst sicher auch Bucheckern finden.

Männchen

Der Buchfink dürfte der häufigste Vogel in unseren Wäldern sein, er kommt aber auch in Parks und Gärten mit großen Bäumen vor. Der hübsche Vogel frisst vor allem Samen, Beeren, kleine Insekten und im Herbst und Winter am liebsten Bucheckern.

Der Buchfink wird 14 bis 16 cm groß.

Den Buchfink kannst du das ganze Jahr über beobachten.

Jan	Feb	Mär	Apr	Mai	Jun	Jul	Aug	Sep	Okt	Nov

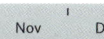

Die Singdrossel

In der Morgen- und Abenddämmerung ist der Gesang der Singdrossel weit zu hören. Die kurzen, flötenden Strophen wiederholt sie immer zwei- bis dreimal. An Wald- und Gebüschrändern sucht sie am Boden hüpfend nach Insekten und Gehäuseschnecken. Dort kannst du sie gut entdecken. Ihr Rücken ist braun und die Unterseite weißlich mit braunen Tupfen.

 Die Singdrossel lebt in allen Wäldern, aber besonders da, wo es auch Nadelbäume gibt. Sie mag es schattig mit viel Unterholz. Schon im März kommt sie aus Süd- und Westeuropa zurück und verlässt uns wieder im Oktober.

Amselmännchen sind schwarz und haben einen gelben Schnabel. Die Weibchen sind dagegen vom Schnabel bis zum Schwanz nur braun gefärbt.

Wichtig zu wissen!

Noch vor ca. 200 Jahren war die Schwarzdrossel, unsere Amsel, ein reiner Waldvogel. Doch dann hat sie erfolgreich Dörfer und Städte besiedelt und ist jetzt einer der häufigsten Vögel in unseren Gärten.

Die Singdrossel wird 20 bis 22 cm groß.

Die Singdrossel kannst du von März bis Oktober bei uns beobachten.

Feb	Mär	Apr	Mai	Jun	Jul	Aug	Sep	Okt	Nov	Dez

Der Buntspecht

Den Namen verdankt der Specht seinem schwarz-weißen Gefieder und den leuchtend roten Federn unter dem Schwanz. Das Männchen hat noch einen roten Fleck am Hinterkopf. Im Frühling hörst du seine kurzen Trommelwirbel, mit denen er sein Revier markiert. Das macht er meist auf abgestorbenen Ästen, weil die besser klingen. Oft ruft er ein kurzes „kick-kick".

So tolle Federn hat nur der Buntspecht.

Wichtig zu wissen!

Dank seines besonders dicken und robusten Schädels und des federnden Schnabels bekommt der Buntspecht bei seinen kräftigen Schnabelhieben auf das harte Holz keine Kopfschmerzen. So zimmert er sich auch seine eigene Bruthöhle in den Baumstamm.

Unsere häufigste Spechtart lebt in allen Wäldern und ist auch häufig in Parks zu sehen. Aus morschem Holz hackt er Insektenlarven, öffnet Nüsse oder pult Samen aus den Fichtenzapfen. Im Winter kommt der Buntspecht ans Futterhäuschen oder hängt sogar kopfüber an Meisenknödeln.

Der Buntspecht wird 23 bis 24 cm groß.

Den Buntspecht kannst du das ganze Jahr über beobachten.

Jan	Feb	Mär	Apr	Mai	Jun	Jul	Aug	Sep	Okt	Nov

Der Eichelhäher

Das Erste, was du vom Eichelhäher bemerkst, ist sein rätschender Warnruf „Rähhh", mit dem er vor Feinden und Störenfrieden warnt. Sonst erkennst du ihn leicht an seinem rosabraunen Gefieder, dem schönen schwarz-blauen Flügelfeld und dem schwarzen Bartstreif. Im Flug leuchtet der Bürzel weiß auf.

Erstaunlich!

Würdest du dich freiwillig in einen Ameisenhaufen legen? Sicher nicht. Eichelhäher tun das aber, sogar mit ausgebreiteten Flügeln. Die Ameisen bespritzen den Eindringling dann mit Ameisensäure. Die Vogelforscher glauben, dass der Eichelhäher damit sein Gefieder pflegt und lästige Parasiten wie Vogelflöhe oder Federlinge los wird. Das Ganze wird Einemsen genannt.

Wenn im Wald etwas fliegt, mit weißem Bürzel und rätschendem Warnruf, kann es nur ein Eichelhäher sein.

Auf der Suche nach einem guten Versteck.

Sein Name verrät seine Lieblingsspeise, nämlich Eicheln. Gibt es also im Wald, in Parks oder auf Friedhöfen genug Eichen, kommt sicher der Eichelhäher vor. Er frisst aber auch Früchte und Bucheckern und im Sommer plündert er gern mal ein Vogelnest.

Der Eichelhäher wird 32 bis 35 cm groß.

Den Eichelhäher kannst du das ganze Jahr über beobachten.

Feb   Mär   Apr   Mai   Jun   Jul   Aug   Sep   Okt   Nov   Dez

Der Kuckuck

Der Kuckuck gehört zu den wenigen Vögeln, die ihren Namen rufen „kuckuck-kuckuck". Aber auch ohne Ruf ist der schlanke Vogel gut an den spitzen schmalen Flügeln und dem langen Schwanz zu erkennen. Kopf, Oberseite und Brust sind grau gefärbt, der Bauch dunkel quer gestreift. Im Flug sieht er einem Sperber ähnlich.

Erstaunlich!

Der Kuckuck ist bei vielen Singvögeln nicht sehr beliebt, denn er baut kein eigenes Nest, sondern stibitzt im richtigen Moment ein Ei aus dem Singvogelnest und legt sein eigenes hinein. Da das Kuckucksei den anderen Eiern sehr ähnlich sieht, merkt der Singvogel den Tausch nicht. Das Kuckucksjunge schlüpft meist als erstes und schmeißt die übrigen Eier aus dem Nest. So sorgt es dafür, dass es das ganze Futter allein bekommt. Die Adoptiveltern sind oft Rotkehlchen, Rohrsänger oder Grasmücken.

Die ersten Kuckucke kommen Mitte April aus Afrika wieder zurück in ihre Brutgebiete. Das sind lichte Wälder, Waldränder, Heckenlandschaften und Moore.

Der Kuckuck wird 32 bis 36 cm groß.

Den Kuckuck kannst du von April bis September bei uns beobachten.

| Jan | Feb | Mär | Apr | Mai | Jun | Jul | Aug | Sep | Okt | Nov | |

Der Waldkauz

Nicht einfach zu entdecken ist der Waldkauz, da er meist nachts unterwegs ist.
Tagsüber sitzt er mit seinem graubraun
oder rotbraun gestreiften Gefieder
gut getarnt in einer Baumhöhle. Der
Waldkauz hat einen großen rundlichen Kopf und große schwarze
Augen. Meist hört man ihn in der
Abenddämmerung und in der Nacht,
wenn er schaurig „hUUUUuh-
hu-hu-hu-hUUUUUUuh"
ruft oder laut „kju-wick".

Wichtig zu wissen!

Eulen sind an das Leben im
Dunkeln perfekt angepasst. Die
starren Augen können nachts ca.
drei- bis zehnmal so gut sehen
wie unsere Augen. Ein kleines
bisschen Licht braucht aber auch
die Eule, um noch etwas erkennen zu können. Mit ihren Ohren
hören Eulen das kleinste Rascheln
und sie wissen dann genau, wo
die Maus sitzt. Ihren lautlosen
Flug verdanken sie den speziellen
Härchen auf den Flügeln.

Der Waldkauz ist unsere
häufigste Eule. Er brütet in allen
Wäldern, Hauptsache es gibt auch alte
Bäume mit Bruthöhlen. So lebt er auch
in Parks, auf Friedhöfen und manchmal
in großen Gärten. Sind keine passenden Brutbäume
da, brütet er auch in Mauernischen, alten Schornsteinen
oder in großen Nistkästen.

Der Waldkauz wird 37 bis 43 cm groß.

Den Waldkauz kannst du das ganze Jahr über beobachten.

| Feb | Mär | Apr | Mai | Jun | Jul | Aug | Sep | Okt | Nov | Dez |

Die Waldohreule

Die „Federohren" sind ein sicheres Kennzeichen der Waldohreule. Die richtigen Ohren sitzen übrigens seitlich am Kopf unter den Federn. Durch den Gesichtsschleier, so wird die rundliche Federstruktur genannt, die das Gesicht umgibt, werden die Schallwellen direkt zu den Ohren geleitet. Mit ihrem braun gescheckten, baumrindenartigen Gefieder ist sie am Tag prima getarnt. Auch wenn du sie nicht siehst, an ihren gedämpften „Uh-uh"-Rufen kannst du sie erkennen.

Mach mit!

Eulen fressen ihre Beute mit Haut und Haaren. Aber die Knochen und die Haare können sie nicht verdauen. Die werden als Gewölle, eine Art haarige Wurst, wieder ausgespuckt. Unter ihren Schlafbäumen kannst du ihre Gewölle finden. Wenn du sie auseinanderzupfst, findest du die Knochen der Beute. An den Kieferknochen und Zähnen kannst du genau feststellen, welche Art Maus die Eule gefressen hat.

Jungtier (Ästling)

Die Waldohreule brütet eher in kleinen Wäldchen, an Waldrändern oder in Feldgehölzen, denn sie braucht offenes Gelände, um auf Mäusejagd zu gehen. Sie benutzt meist alte Krähen- und Elster-nester. Im Winter sammeln sich oft mehrere Eulen in einem Baum zu Schlafgemeinschaften.

Die Waldohreule wird 31 bis 37 cm groß.

Die Waldohreule kannst du das ganze Jahr über beobachten.

| Jan | Feb | Mär | Apr | Mai | Jun | Jul | Aug | Sep | Okt | Nov |

Das Frauenhaarmoos

Das saftig grüne Moos wächst meist als großes, weiches Polster. Die kleinen Moosblättchen stehen spiralig um den Stängel und bilden ein grünes Sternchen. Ihren Namen verdanken sie aber den Sporenkapseln, denn die Haube der Kapsel ist filzig behaart.

Sporenkapsel

Das Frauenhaarmoos bildet kuschelig-
weiche Polster.

Das Frauenhaarmoos ist eins der häufigsten und auffälligsten Waldmoose. Du findest es im Wald am Fuß von Bäumen, auf Steinen und auf Totholz. Es wächst auf leicht sauren Böden und kann 20-mal so viel Wasser speichern, wie es selber wiegt.

Schau genau!

Sicher hast du dieses Moos schon im Wald entdeckt, das Weißmoos. Es bildet auffällig halbkugelige Polster. Im feuchten Zustand glänzt es hell bläulichgrün. Bei Trockenheit wird es weißlich. Davon hat es seinen Namen. Du findest die Polster einzeln oder in kleinen Gruppen auf dem Waldboden. Früher wurde das Moos gern in der Weihnachtszeit zur Dekoration gesammelt. Das ist aber heute verboten.

Das Frauenhaarmoos wird 5 bis 15 cm hoch.

Das Frauenhaarmoos ist das ganze Jahr über grün.

☠ Der Gewöhnliche Wurmfarn

Das Blatt des Wurmfarns ist fiederblättrig, das heißt, an der Mittelrippe des Wedels sitzen 20 bis 35 Fiederblättchen. Diese sind wiederum aus kleinen Blättchen aufgebaut. Die Farnwedel wachsen trichterförmig aus einer Rosette am Boden heraus. Von Juli bis September bilden sich auf der Blattunterseite die braunen gebogenen Sporenpakete. Aus den winzigen Sporen können neue Pflanzen entstehen.

Wichtig zu wissen!

Die Sporen-pakete auf der Blattun-terseite sind, wenn man ge-nau hinsieht, wurmartig ge-bogen.  Seinen Namen verdankt der Farn aber seiner medizini-schen Wirkung gegen Würmer im Darm. Früher wurde ein Extrakt aus den Farnwurzeln gegen Bandwürmer eingesetzt. Da es dabei beim Patienten aber häufig zu schweren Vergiftungen kam, wird es nicht mehr verwendet.

In leicht feuchten Mischwäldern kommt der gewöhnliche Wurmfarn häufig vor, besonders auf lehmigen und nährstoffreichen Böden. Nur in reinen Fichtenwäldern ist er selten oder fehlt ganz.

Der Gewöhnliche Wurmfarn wird 30 bis 140 cm hoch.

Der Gewöhnliche Wurmfarn ist von April bis November zu entdecken.

| Jan | Feb | Mär | Apr | Mai | Jun | Jul | Aug | Sep | Okt | Nov |

☠ Das Buschwindröschen

Das Buschwindröschen ist ein echter Frühlingsbote, denn es blüht als eine der ersten Pflanzen im Wald. Die Blüte besteht meist aus sechs weißen oder leicht rosafarbenen Blütenblättern. Zur Blütezeit entspringen unterhalb der Blüte drei gefiederte Blätter. Da sie zu dritt an einer Stelle des Stängels wachsen, nennt man das quirlblättrig. Erst nach der Blüte wächst noch ein einzelnes Blatt aus dem Wurzelstock.

Wichtig zu wissen!

Die meisten Pflanzen im Wald blühen im Frühling. Das liegt am Licht. Denn im Frühling haben die Bäume noch keine Blätter und die Sonne scheint bis auf den Boden. Später im Jahr, wenn die Bäume ein dichtes Blätterdach bilden, wird es im Wald zu dunkel.

In Laubwäldern, an Waldrändern und in Gebüschen findest du das Buschwindröschen. Es wächst auf lockeren, leicht feuchten Böden. Nach der Blüte sterben die oberirdischen Teile des Buschwindrösches ab. So überdauert nur der Wurzelstock mit den gespeicherten Nährstoffen bis zum nächsten Frühjahr in der Erde.

Das Buschwindröschen wird 5 bis 25 cm hoch.

Das Buschwindröschen blüht von März bis Mai.

| Feb | Mär | Apr | Mai | Jun | Jul | Aug | Sep | Okt | Nov | Dez |

Der Sauerklee

Mit dem Klee auf der Wiese ist der Sauerklee nicht verwandt, er hat nur die typischen dreiteiligen Kleeblätter. Die Blüte sitzt an einem langgestielten Stängel. Sie ist weiß oder leicht rosa und auf den Blütenblättern kannst du rötliche Adern erkennen. Ein paar Blätter kannst du ruhig probieren, sie schmecken leicht säuerlich, aber bitte nicht zu viel davon essen.

Wichtig zu wissen!

Eine unserer leckersten Früchte findest du ebenfalls auf mageren, sauren Böden, die Heidelbeere. Sie wächst in lichten Nadelwäldern, besonders in den Alpen und Mittelgebirgen, im Flachland auch auf moorigen und sandigen Böden. Die Wurzeln reichen bis in einen Meter Tiefe. Die Heidelbeere ist nicht nur lecker, sondern in getrocknetem Zustand eine gute Medizin gegen Durchfall. Doch Vorsicht: Zu viele der frischen Beeren bewirken genau das Gegenteil.

Keine andere heimische Pflanze verträgt so viel Schatten wie der Sauerklee. So steht er in dunklen Nadelwäldern und Laubmischwäldern. Der Boden muss feucht und leicht sauer sein.

Der Sauerklee wird 5 bis 15 cm hoch.

Der Sauerklee blüht von April bis Mai/Juni.

Jan	Feb	Mär	Apr	Mai	Jun	Jul	Aug	Sep	Okt	Nov

Der Bärlauch

Während der Blütezeit riechst du den Bärlauch schon von Weitem. Er duftet kräftig nach Knoblauch und gehört wie dieser zu den Lauchgewächsen. Im Frühling wachsen aus der Zwiebel zwei lang gestielte Blätter. Etwas später folgt der kugelige Blütenstand, der aus ca. 10 bis 25 weißen Einzelblüten besteht. Die weißen Blüten haben sechs sternförmige Blütenblätter.

Mach mit!

Heutzutage gibt es den Bärlauch schon auf Wochenmärkten oder sogar im Supermarkt zu kaufen, weil er vielen schmeckt und beliebt ist. Du kannst ihn vor der Blütezeit auch selber sammeln. Aber Vorsicht: Die Blätter des Maiglöckchens und der Herbstzeitlose sind ziemlich ähnlich und beide sind sehr giftig. Sammle nur mit deinen Eltern und wenn ihr euch alle ganz sicher seid.

Der Bärlauch mag es feucht, mit lockerem Boden und viel Humus. So steht er häufig in Auwäldern und Buchen- oder Schluchtwäldern und kann dort riesige Flächen bedecken. Außerdem braucht er kalkhaltigen Boden. Ab Juni vergilben die Blätter und ab Juli/August ist nichts mehr vom Bärlauch zu sehen.

Der Bärlauch wird 15 bis 50 cm hoch.

Der Bärlauch blüht von April bis Mai.

| Feb | Mär | Apr | Mai | Jun | Jul | Aug | Sep | Okt | Nov | Dez |

Der Waldmeister

Der Name ist dir sicher von Süßig-
keiten wie Brausepulver bekannt,
aber kennst du auch die Pflanze? Immer
sechs bis acht schmale Blättchen bilden auf
einer Ebene einen Kreis um den vierkantigen
Stiel. Das wird quirlblättrig genannt. Die
Blüten entstehen an der Spitze des Stiels.
Sie sind sehr klein und die vier weißen
Blütenblätter bilden ein kleines Sternchen.

Mach mit!

Hast du schon die leckere Waldmeisterbowle pro-
biert? Hier kommt das Rezept: Pflücke ein kleines
Sträußchen Waldmeister bevor er blüht und lasse
es etwas welk werden. Erst dann entwickelt sich
der typische Geruch. Den Waldmeister hängst
du kopfüber in einen Liter Apfelsaft, gibst 150 g
Zucker in das Gefäß und lässt ihn im Kühlschrank
ein paar Stunden ziehen. Dann entfernst du den
Waldmeister und gibst noch einen Liter kalten
Sprudel dazu. Vorsicht, bei zu viel Waldmeister
gibt es hinterher Kopfschmerzen.

Auch den Waldmeister findest du
in den krautreichen Buchen- und Eichenwäldern. Er braucht lehmigen und kalkhaltigen Boden. An machen Stellen bedeckt
er große Flächen auf dem Waldboden.

Der Waldmeister wird 5 bis 25 cm hoch.

Der Waldmeister blüht von April bis Mai/Juni.

Jan	Feb	Mär	Apr	Mai	Jun	Jul	Aug	Sep	Okt	Nov

☠ Der Gefleckte Aronstab

Die Blüte des Aronstabs ist etwas ganz Besonderes.
Sie besteht aus einem tütenförmig gerollten, grünlich-
gelben Blatt, das den Blütenkolben umgibt. Der obere
Teil des Kolbens ist braun und schaut aus dem Blatt
heraus. Im unteren umhüllten Teil sitzen die männlichen und weiblichen Blüten. Auffällig sind auch
die breiten pfeilförmigen Blätter, die oft
gefleckt sind. Im Spätsommer leuchten die
giftigen roten Beeren aus dem Gebüsch!

Härchen

männliche
Blüten

weibliche
Blüten

Erstaunlich!

Die gesamte Blüte ist eine raffi-
nierte Kesselfalle und die funktioniert so: Der braunrote Kolben
riecht vor allem abends nach
Pipi. Das lockt eine bestimmte
Mückenart an. Landet sie auf dem
tütenförmigen Blatt, rutscht sie
an deren glatter Wand nach unten
in den „Kessel". Dort kommt sie
wegen der Härchen nicht mehr
nach oben. Beim Herumkrabbeln
bestäubt sie die Blüten und wird
erst wieder freigelassen, wenn
die ganze Blüte verwelkt.

Der Aronstab wächst da, wo auch Buschwindröschen oder Bärlauch
vorkommen, in Laubwäldern und Gebüschen. Bevorzugt werden
kalkhaltige Böden.

Der Gefleckte Aronstab wird 20 bis 40 cm hoch.

Der Gefleckte Aronstab blüht von April bis Mai/Juni.

| Feb | Mär | Apr | Mai | Jun | Jul | Aug | Sep | Okt | Nov | Dez |

☠ Der Rote Fingerhut

Wie purpurrote Glocken hängen die Blüten an der oberen Hälfte des langen Stängels. Da sie die Größe eines Fingerhutes haben, wird die Pflanze Fingerhut genannt. Im Inneren der Blüte siehst du weiß umrandete dunkelrote Flecken. Sie sollen aussehen wie große Staubbeutel und Insekten anlocken. Vor allem Hummeln kriechen in die Blüte.

Alle Blüten zeigen in die gleiche Richtung.

Auf Waldlichtungen und an Wegrändern findest du den Fingerhut. Er steht in Laub- und in Nadelwäldern auf sauren Böden. Die natürlichen Vorkommen liegen in den Mittelgebirgen von Westdeutschland, vereinzelt kommt der Fingerhut auch als Zierpflanze oder verwildert im übrigen Deutschland vor.

Schau genau!

Schon zwei bis drei Blätter des Fingerhutes sind für den Menschen tödlich. Doch in der richtigen Dosis ist das Gift des Fingerhutes eine gute Medizin gegen Herzschwäche. Achte einmal auf die Blüten, sie zeigen alle in die gleiche Richtung, das nennt man dann einen einseitwendigen Blütenstand.

Der Rote Fingerhut wird bis 150 cm hoch.

Der Rote Fingerhut blüht von Juni bis August.

| Jan | Feb | Mär | Apr | Mai | Jun | Jul | Aug | Sep | Okt | Nov |

Die Frühlingsplatterbse

Die Frühlingsplatterbse ist ein Schmetterlings-
blütler. Das oberste Blütenblatt ist leicht nach
oben gebogen und wird „Fahne" genannt. Die
beiden unteren sind zum „Schiffchen" zusam-
mengewachsen und die beiden äußeren bilden
die „Flügel" und umhüllen das Schiffchen. Drei
bis acht der purpurroten Blüten bilden eine Traube.
Die Blätter haben drei bis vier Paar längliche
Fiederblättchen. Die Frucht ist eine ca. sechs
Zentimeter lange Bohnenschote.

Schau genau!

Wenn du dir die Blüten genauer
anschaust, dann erkennst du
unterschiedliche Farben. Denn je
nach Alter der Blüte wechseln sie.
Erst ist die Blüte purpurrot, dann
wird sie bläulich und zum Schluss
blauviolett oder grünlich-beige.

In sonnigen Laubwäldern wächst
die Frühlingsplatterbse auf kalkhaltigen,
lehmigen Böden. In den Mittelgebirgen
kannst du sie häufig finden, im Tiefland
eher selten. Ihre Wurzeln reichen bis
in einen Meter Tiefe, sodass sie auch in
trockeneren Wäldern vorkommen kann.

An dieser Pflanze kannst du
frische Blüten, gereifte und alte
Blüten erkennen. Weißt du noch,
welche Blüten welche Farbe
haben?

Die Frühlingsplatterbse wird 20 bis 40 cm hoch.

Die Frühlingsplatterbse blüht von April bis Juni.

| Feb | Mär | Apr | Mai | Jun | Jul | Aug | Sep | Okt | Nov | Dez |

☠ Der Hohle Lerchensporn

Die Blüte besteht aus nur zwei sichtbaren Blütenblättern, die blaulila oder weiß sein können. Das obere Blütenblatt bildet die Oberlippe, ist vorn nach oben geklappt und hat hinten einen langen Sporn. Das untere Blütenblatt bildet die verbreiterte Unterlippe. Ca. 10 bis 20 Blüten bilden einen traubigen Blütenstand. Am Stängel sitzen nur zwei gefiederte Blätter.

Schau genau!

Im Sporn der Blüte befindet sich viel Nektar, der aber nur von lang-rüsseligen Bienen und Hummeln erreicht werden kann. Hummeln mit kurzem Rüssel kommen über die Blütenöffnung nicht an den Nektar heran. Doch sie haben einen Trick: Sie beißen am Ende des Sporns die Blüte auf und können so den Nektar auflecken. Wenn du genau hinschaust, findest du vielleicht kleine Löcher am Sporn.

In leicht feuchten, nährstoffreichen Laub-wäldern mit kalkhaltigem Boden findest du den Hohlen Lerchensporn. Hohl sind übrigens die Knollen, mit denen die Pflanze überwintert. Sie sind auch besonders giftig, damit sie zum Beispiel nicht von Wildschweinen gefressen werden.

Der Hohle Lerchensporn wird 15 bis 30 cm hoch.

Der Hohle Lerchensporn blüht von März bis Mai.

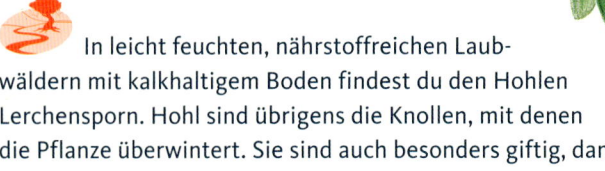

| Jan | Feb | Mär | Apr | Mai | Jun | Jul | Aug | Sep | Okt | Nov |

☠ Das Leberblümchen

Das Leberblümchen erkennst du leicht an seinen dreilappigen, ledrigen Blättern. Und spätestens wenn es seine sternförmigen, blaulila Blüten öffnet, ist es unverkennbar. Manchmal gibt es auch weiß blühende Exemplare. Den Namen verdankt die Blume übrigens den Blättern, die der Form einer Leber ähneln.

Wichtig zu wissen!

Die Samen des Leberblümchens säen sich entweder selber aus oder werden von Ameisen verschleppt. Die Samen haben nämlich ein ölhaltiges Anhängsel, das die Ameisen gern fressen. Deshalb transportieren sie die Samen in ihren Ameisenbau. Dabei geht auch hin und wieder ein Samen verloren und sie werden so in einem größeren Umkreis verteilt.

Leberblümchen blühen schon ganz früh im Jahr, vor allem in Eichen- und Buchenwäldern. Sie brauchen kalkhaltige und lehmige Böden, dann wachsen sie in den Bergen auch in Nadelwäldern.

Das Leberblümchen wird 5 bis 20 cm hoch.

Das Leberblümchen blüht von März bis Mai.

| Feb | Mär | Apr | Mai | Jun | Jul | Aug | Sep | Okt | Nov | Dez |

Das Wald-Veilchen

Veilchenblüten haben fünf Blütenblätter. Zwei stehen nach oben und drei nach unten, dabei hat das mittlere nach hinten einen Sporn. Beim Waldveilchen ist der Sporn dunkelviolett, der Rest der Blüte ist blauviolett. Die einzelnen Blüten entspringen in den Achseln der herzförmigen Blätter.

Das Waldveilchen wächst in nährstoffreichen, kalkhaltigen Lehmböden, vor allem in Laubwäldern der Mittelgebirge. Im Flachland ist es selten. Du kannst es auch immer wieder zusammen mit anderen Frühlingsblühern wie Sauerklee oder Buschwindröschen finden.

Wichtig zu wissen!

Es gibt viele ähnliche Arten. Am bekanntesten ist sicher das März-Veilchen. Denn das verströmt den berühmten Veilchenduft, der für Parfüms verwendet wird. Deshalb wird es auch Duft-Veilchen genannt. Es wächst aber eher in Hecken und auf Wiesen.

Das Wald-Veilchen wird 5 bis 20 cm hoch.

Das Wald-Veilchen blüht von März bis Mai.

| Jan | Feb | Mär | Apr | Mai | Jun | Jul | Aug | Sep | Okt | Nov |

☠ Der Fliegenpilz

Der rote Hut mit den weißen Punkten macht den Fliegenpilz zu unserer bekanntesten Pilzart. Obwohl er leicht giftig ist, gilt er als Glückssymbol. Der Hut kann 15 Zentimeter breit werden und hat auf der Unterseite dicht stehende, weiße Lamellen. Der Stiel ist weiß und am Grund etwas dicker.

Schau genau!

Ein sehr giftiger Pilz ist der Knollenblätterpilz. Er hat einen gelblichweißen Hut mit Lamellen. Auf dem Hut und am Stiel siehst du meist noch weißliche Fetzchen, Reste einer Hülle des jungen Knollenblätterpilzes. Er wächst in Laub- und Nadelwäldern. Vorsicht: Den essbaren Champignon nicht mit diesem Pilz verwechseln!

Lamellen

Der Fliegenpilz steht sowohl in Laub- als auch in Nadelwäldern gern auf sauren Böden. Kalkhaltige Erde meidet er. Du findest ihn häufig in der Nähe von Birken, mit deren Wurzeln er eine Symbiose eingeht. Das heißt, Pilz- und Birkenwurzeln sind miteinander verbunden. Während die Birke dem Pilz Zuckersaft liefert, versorgt der Pilz die Birke mit Mineralien.

Der Fliegenpilz wird bis 20 cm hoch.

Den Fliegenpilz kannst du von Juli bis Oktober finden.

| Feb | Mär | Apr | Mai | Jun | Jul | Aug | Sep | Okt | Nov | Dez |

Der Fichten-Steinpilz

Einer der besten essbaren Pilze ist der Steinpilz. Es ist ein Röhrenpilz, das heißt, anders als die meisten Pilze hat er auf der Hutunterseite keine Lamellen sondern Röhren. Der Hut ist braun, glatt und dickfleischig. Die Poren sind weiß, bei älteren Pilzen olivgelb. Der Stiel ist ziemlich dick oder tonnenförmig. Der ganze Pilz schmeckt ein bisschen nach Nuss. Vorsicht: Man kann ihn mit dem Gallen-Röhrling verwechseln. Der ist nicht giftig, aber sehr bitter und kann das ganze Pilzgericht verderben.

Röhren

Wichtig zu wissen!

Pilze gehören weder zu den Pflanzen noch zu den Tieren, sondern bilden eine eigene Gruppe. Es gibt drei verschiedene Lebensweisen der Pilze. Viele leben in einer Art Gemeinschaft (Symbiose) mit Bäumen oder Pflanzen. Andere leben von toten Blättern und Holz. Manche sind Parasiten. Das bedeutet, sie ernähren sich von lebenden Pflanzen oder Tieren und bringen sie dadurch am Ende zum Absterben.

Der Steinpilz wächst gern unter Fichten und Buchen auf sauren Böden. Er ist noch relativ häufig zu finden, darf aber nur für den eigenen Verbrauch gesammelt werden.

Der Fichten-Steinpilz wird bis 20 cm hoch.

Den Fichten-Steinpilz kannst du von Juni bis Oktober finden.

| Jan | Feb | Mär | Apr | Mai | Jun | Jul | Aug | Sep | Okt | Nov |

Der Zunderschwamm

Der Fruchtkörper des Zunderschwamms kann bis zu 30 Jahre alt werden. Er sitzt hutförmig am Stamm eines Baumes. Der Zunderschwamm gehört zu den Porlingen, weil sich auf der Unterseite lauter kleine Öffnungen, also Poren befinden. Die Oberseite ist wellig, hat eine harte Kruste und ist gelb- bis rotbraun oder gräulich.

Erstaunlich!

Früher wurde der Pilz zum Feueranmachen gebraucht. Die filzige Mittelschicht des Pilzes wurde zu Zunder verarbeitet. Fallen Funken auf den Zunder, glimmt er auf. Früher wurde an dieser schwachen Glut mithilfe von Distelsamenhaaren und Stroh Feuer entzündet. Der Pilz war damals so begehrt, dass er richtig selten und aus Nord- und Osteuropa eingeführt wurde.

Ist der Baum wie hier abgebrochen, passt sich der Pilz im Wachstum an und die weißlichen Poren zeigen bald wieder nach unten.

An alten Bäumen kann man den Zunderschwamm entdecken.

Der Zunderschwamm wächst nur an Laubbäumen, vor allen an Buchen, Birken oder Pappeln. Er kommt besonders in Wäldern mit vielen älteren Bäumen vor. Der Pilz dringt über eine Wunde am Stamm in den Baum ein und zersetzt das Kernholz des Baumes. Meist bricht der Baum an der Stelle irgendwann ab.

Der Zunderschwamm wird bis 20 cm hoch und rund 30 cm breit.

Den Zunderschwamm kannst du das ganze Jahr über finden.

Feb   Mär   Apr   Mai   Jun   Jul   Aug   Sep   Okt   Nov   Dez

Die Rot-Buche

Bestimmt kennst du die Früchte der Buche, die dreikantigen Bucheckern. Sie stecken in einer stacheligen, vierklappigen Fruchthülle. Die Blätter sind eiförmig, glatt und glänzend und haben einen welligen Rand. Im Frühjahr sind sie noch leicht behaart. Auch die Rinde ist glatt und glänzend und an der grauen Farbe gut zu erkennen. Den Namen hat die Rot-Buche wegen der rötlichen Färbung ihres Holzes.

Vom Flachland bis in die Berge ist die Rot-Buche überall zu finden, denn sie ist unser häufigster Laubbaum. Da die jungen Pflanzen viel Schatten vertragen, setzt sie sich gut gegen andere Bäume durch.

typischer Buchenwald

Wichtig zu wissen!

Erst nach 40 bis 80 Jahren trägt eine Buche das erste Mal Früchte. Die Bucheckern werden von vielen Tieren wie Eichhörnchen, Buchfinken und Mäusen gefressen. Du kannst sie auch probieren. Aber Vorsicht, zu viele davon verursachen Bauchschmerzen. Durch Erhitzen oder Rösten verschwinden die Giftstoffe. So wurden früher in Notzeiten Bucheckern gemahlen und das Mehl verbacken oder das Öl herausgepresst.

Die Rot-Buche wird bis zu 40 m hoch.

Die Rot-Buche blüht im April/Mai.

| Jan | Feb | Mär | Apr | Mai | Jun | Jul | Aug | Sep | Okt | Nov |

Die Hain-Buche

Die Hain-Buche ist mit der Rot-Buche nicht direkt verwandt, aber die Form der Blätter und die graue, glatte Rinde sind ähnlich. Allerdings sind die Blätter am Rand gesägt und die Rinde hat noch netzartige Linien. Die geflügelten Samen hängen im Herbst an langen Fruchtständen herab und lösen sich erst zwischen Oktober und November ab.

Wichtig zu wissen!

Die Hain-Buche wird auch als Weiß-Buche bezeichnet, weil sie ein sehr schönes helles Holz hat. Das Holz ist nach dem Speierling das härteste und schwerste heimische Holz, trotzdem ist es noch recht biegsam. So werden daraus besonders stabile Werkzeuge wie Holzhämmer, hölzerne Maschinenteile oder Werkzeugstiele gefertigt.

geflügelter
Samen

Wenn man im Frühjahr die Zweige mit den männlichen Blüten schüttelt, entlassen sie eine Wolke aus gelbem Pollenstaub.

In Laubwäldern ist die Hain-Buche recht häufig. Auch in Parks und Gärten kommt sie vor. In Gärten findest du sie aber meist als Hecke, da sie sich gut beschneiden lässt. Im Winter bleiben die braunen Blätter hängen und bieten so einen Sichtschutz.

Fruchtstand

Die Hain-Buche wird 25 bis 30 m hoch.

Die Hain-Buche blüht im April/Mai.

| Feb | Mär | Apr | Mai | Jun | Jul | Aug | Sep | Okt | Nov | Dez |

Die Winter-Linde

1000 Jahre alt kann die Winter-Linde werden. Sie hat herzförmige Blätter mit einer kleinen Spitze und auf der Blattunterseite bräunliche Haare in den Achseln der Blattadern. Die kleinen drei bis sieben rundlichen Früchte hängen an einem Tragblatt. Damit können die Samen bei Wind weit fliegen und besser verbreitet werden. Sehr ähnlich ist die Sommer-Linde. Sie hat größere Blätter mit weißlichen Haaren und meist weniger Früchte.

Mach mit!

Linden sind vielseitig nutzbar: Ihr weiches Holz lässt sich sehr gut schnitzen. Ein Tee aus den Blüten hilft gut bei Erkältungen (Seite 87) und Imker freuen sich über den guten Lindenblüten-honig.

Winter-Linde

Sommer-Linde

Die Winter-Linde steht verstreut in unseren Wäldern, vor allem in den Mittelgebirgen. Oft wird sie in Parks oder als Straßenbaum gepflanzt.

Die Winter-Linde wird 25 bis 30 m hoch.

Die Winter-Linde blüht im Juni/Juli.

| Jan | Feb | Mär | Apr | Mai | Jun | Jul | Aug | Sep | Okt | Nov |

Die Hänge-Birke

Unverwechselbar ist die weiße Rinde, die sich in papierartigen Streifen ablösen lässt. Ebenso kennzeichnend sind ihre langen, dünnen herunterhängenden Zweige, denen sie ihren Namen verdankt. Die Blätter sind relativ klein, dreieckig bis eiförmig, mit einem gezackten Rand. Die kleinen geflügelten Samen werden vom Wind weit verstreut und dringen in jede Ritze.

Samen

weibliche Kätzchen

Samenpaket

männliche Kätzchen

Erstaunlich!

Birkenholz ist ein prima Brennholz. Dank der ätherischen Öle in der Rinde brennt es sogar als Frischholz recht gut. Als Zunder zum Anzünden ist deshalb die papierartige Rinde ideal. In der Steinzeit wurde aus der Rinde Birkenteer gekocht und als ziemlich guter Klebstoff genutzt. Pfeilspitzen wurden mit diesem Teer am Schaft fixiert.

Die Hänge-Birke steht oft auf sandigen Böden, in Heiden und Mooren. Als Erstbesiedler wächst sie auch auf Brachland, in Kiesgruben, Hecken und Waldrändern. Sie braucht viel Licht.

Die Hänge-Birke wird bis zu 25 m hoch.

Die Hänge-Birke blüht von März bis Mai.

| Feb | Mär | Apr | Mai | Jun | Jul | Aug | Sep | Okt | Nov | Dez |

Die Stiel-Eiche

Schau dir mal die Rückseite einer 1-Cent-Münze an. Dort siehst du die buchtig gelappten Blätter und ein Paar Eichelfrüchte mit langem Stiel. Das ist die Stiel-Eiche, sie ist sozusagen der Nationalbaum Deutschlands. Die Blüten sind eher unscheinbar und blühen kurz nach dem Austrieb der Blätter. Sehr ähnlich sieht die Trauben-Eiche aus. Die Blätter sind aber nicht so stark gelappt und die Früchte nicht lang gestielt.

Wichtig zu wissen!

Schon immer wurde die Eiche für die unterschiedlichsten Sachen genutzt. Das Holz ist hart, zäh und haltbar, sodass es viel zum Bauen gebraucht wurde. Im Herbst wurden die Schweine in den Wald getrieben, damit sie sich von den Eicheln eine dicke Speckschicht anfressen. Da die Rinde viele Gerbstoffe enthält, wurden mit ihr Tierhäute und Leder gegerbt.

buchtig gelappte Blätter

Trauben-Eiche

Die Stiel-Eiche ist ein häufiger Baum in unseren Wäldern, ebenso in Parks und auf Friedhöfen. Sie steht lieber auf trockenen Böden, kann aber auch auf feuchten gedeihen.

Knospen

Die Stiel-Eiche wird 20 bis 40 m hoch.

Die Stiel-Eiche blüht im April/Mai.

| Jan | Feb | Mär | Apr | Mai | Jun | Jul | Aug | Sep | Okt | Nov |

Der Berg-Ahorn

Es gibt drei verschiedene Ahornarten in Deutschland, der Berg-Ahorn ist der häufigste. Er hat große handförmig gelappte Blätter mit kurzen Spitzen. Die unauffälligen grüngelben Blüten erscheinen mit den Blättern oder kurz danach. Die Flügelfrüchte sind stark gewinkelt und drehen sich wie ein Hubschrauber, wenn sie vom Baum fallen.

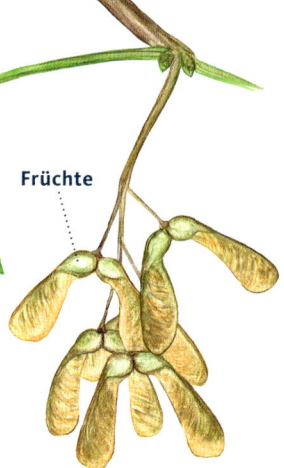

Früchte

Ahornblüte

Der Berg-Ahorn mag es eher kühl und feucht. Deshalb kommt er besonders in den Mittelgebirgen und in den Alpen bis zur Baumgrenze vor. Etwas seltener steht er in den Wäldern im Tiefland.

Mach mit!

Achte im Herbst auf leuchtend rote und gelbe Herbstblätter. Meist sind das die Blätter der Ahornbäume, denn die bekommen ein besonders farbenprächtiges Laub. Aus den Blättern kannst du schöne Collagen auf Papier kleben und dank der hervorstehenden Blattadern auch tolle Abdrücke von den Blättern machen.

Der Berg-Ahorn wird 20 bis 30 m hoch.

Der Berg-Ahorn blüht im April/Mai.

| Feb | Mär | Apr | Mai | Jun | Jul | Aug | Sep | Okt | Nov | Dez |

Die Gemeine Esche

Die Esche hat ein zusammengesetztes Blatt. Das heißt, das Einzelblatt wird bis zu 40 cm lang und besteht aus 9 bis 13 einzelnen Fiederblättchen. Die sind länglich eiförmig und am Blattrand gesägt. Die Blüten erscheinen vor den Blättern und die geflügelten Samen hängen im Herbst in Rispen vom Baum. Im Winter erkennst du die Esche gut an den schwarzen Knospen.

auffällige schwarze Knospen

geflügelte Samen

Wichtig zu wissen!

Seit ca. 20 Jahren kommt es in großen Teilen Europas zu einem Eschensterben. Es fängt erst mit dem Absterben von Ästen und Teilen der Rinde an, dann stirbt der ganze Baum. Forscher haben festgestellt, dass eine bisher unbekannte Pilzart die Bäume befällt. In Dänemark sind schon neun von zehn Eschen abgestorben.

Du findest die Esche auf feuchten Böden wie in Auwäldern, Tälern oder Schluchten. Sie wächst aber auch auf eher trockenen Kalkböden und wird häufig in Parks gepflanzt.

Die Gemeine Esche wird bis zu 40 m hoch.

Die Gemeine Esche blüht im April/Mai.

| Jan | Feb | Mär | Apr | Mai | Jun | Jul | Aug | Sep | Okt | Nov |

Die Vogelbeere

Die Vogelbeere wird auch Eberesche genannt. Ihre Blätter sehen denen der Esche sehr ähnlich, die Bäume sind aber nicht näher miteinander verwandt. Die Blätter sind nur 15 bis 20 cm lang und die Teilblätter schärfer gesägt. Die Blüte bildet eine auffällige weiße Dolde, aus der im Herbst die roten Vogelbeeren werden.

Mach mit!

In der Tierwelt ist die Vogelbeere sehr beliebt. Über 60 Vogelarten und viele Säugetiere fressen ihre Beeren. So werden sie auch weit verbreitet, denn die Samenkörner werden wieder ausgeschieden. Und auch du kannst sie essen. Roh sind die Beeren zwar etwas bitter und machen in größeren Mengen Bauchschmerzen, gekocht sind sie aber gut genießbar und du kannst Marmelade daraus kochen.

Als Pionierbaum ist die Vogelbeere sehr anspruchslos und besiedelt schnell Kahlschläge, Lichtungen, Hecken und Waldränder. Wegen ihrer schönen Blüten und Früchte wird sie gern in Parks und Gärten angepflanzt.

Die Vogelbeere wird bis 20 m hoch.

Die Vogelbeere blüht im Juni/Juli.

| Feb | Mär | Apr | Mai | Jun | Jul | Aug | Sep | Okt | Nov | Dez |

Die Gemeine Fichte

Die vierkantigen Nadeln sind starr und spitz und deshalb recht pieksig. Sie sitzen dicht schraubig um den Zweig. Die männlichen und weiblichen Blütenstände wachsen getrennt am Baum, sind also nicht in einer Blüte zusammengefasst. Sie sitzen meist in der oberen Hälfte des Baumes und dies nur alle drei bis vier Jahre. Die hängenden Zapfen sind ein gutes Merkmal für die Fichte.

Wichtig zu wissen!

Auf den ersten Blick ist die Weiß-Tanne leicht mit der Fichte zu verwechseln. Doch im Gegensatz zur Fichte sind die Nadelblätter abgeflacht und weich. Außerdem hängen die Zapfen nicht nach unten, sondern stehen wie Kerzen am Weihnachtsbaum aufrecht am Ast. Sie fallen auch nie als Ganzes vom Baum, sondern die Schuppen lösen sich schon am Baum und lassen die Samen frei. Die Tanne wächst in den Alpen und in den Höhenlagen der süddeutschen Mittelgebirge. Der hellgrauen Rinde verdankt sie den Namen Weiß-Tanne.

Heutzutage ist die Fichte der häufigste Baum in Deutschland. Das liegt daran, dass er leicht anzupflanzen ist, schnell wächst und viel Holzertrag bringt. Natürlicherweise kommt die Fichte in Gebirgsregionen oberhalb von 800 Metern vor.

Die Gemeine Fichte wird bis zu 50 m hoch.

Die Gemeine Fichte blüht im Mai/Juni.

| Jan | Feb | Mär | Apr | Mai | Jun | Jul | Aug | Sep | Okt | Nov |

Die Wald-Kiefer

Kiefern haben im Vergleich zu anderen Nadelbäumen ziemlich lange Nadeln. Bei der Wald-Kiefer sind sie vier bis acht Zentimeter lang, stehen immer zu zweit, sind leicht gedreht und im Querschnitt fast halbkreisförmig. Unten am Stamm hat die Rinde tiefe Risse und bildet Platten und Schuppen, weiter oben ist sie glatt und es lösen sich papierdünne Fetzen. Die eiförmigen Zapfen können bis acht Zentimeter groß werden.

Mach mit!

Den Zapfen einer Kiefer kannst du zum Messen der Luftfeuchtigkeit benutzen. Ist die Luft trocken, öffnen sich die Schuppen des Zapfens. Ist die Luft sehr feucht oder hat es geregnet, schließt sich der Zapfen wieder.

Die Wald-Kiefer steht eher auf nährstoffarmen und trockenen Standorten, wie Sand- oder Moorböden. Sie kommt mit weniger Wasser aus als viele andere Bäume und wird deshalb in Parks und Gärten gepflanzt.

Die Wald-Kiefer wird bis zu 40 m hoch.

Die Wald-Kiefer blüht im April/Mai.

| Feb | Mär | Apr | Mai | Jun | Jul | Aug | Sep | Okt | Nov | Dez |

Urwald oder Forst

Auf den ersten Blick fällt es einem gar nicht auf, aber die meisten Wälder in Deutschland sind vom Menschen beeinflusst. Das bedeutet, dass die Natur nicht machen kann, was sie will wie in einem richtigen Urwald, sondern nur das, was der Waldbesitzer will.

Mach mit!

Auch als Kind oder Jugendlicher kannst du für den Schutz des Waldes etwas tun. Lasse keinen Müll liegen, mache keinen Lärm, laufe nicht durchs Dickicht und nimm Rücksicht auf die Tiere. Grundsätzlich gilt: Alles was die Umwelt schont, zum Beispiel weniger Papier zu verbrauchen und Energie zu sparen, hilft meist auch, Wälder zu erhalten.

Hier hat der Mensch entschieden und Fichten in ordentlichen Reihen gepflanzt.

Zum Beispiel achtet er darauf, dass nur bestimmte Baumarten in seinem Wald wachsen oder nur die besonders geraden Bäume, weil sie später besser zu verkaufen sind. Oft räumt er auch das Totholz weg, weil es vielleicht Schädlinge anlockt. Diese vom Menschen kontrollierten Wälder werden als Wirtschaftswälder oder **Forst** bezeichnet.

Erstaunlich!

Höher als ungefähr 130 Meter kann ein Baum nicht werden, denn das Wasser für die Blätter kann er nicht höher transportieren. Der im Moment höchste Baum der Erde ist ein Küstenmammutbaum in Kalifornien mit 115 Metern. In Deutschland steht in Freiburg mit 65 Metern der höchste Baum, eine nordamerikanische Douglasie.

Auch der Stamm eines Mammutbaumes ist mächtig.

Wichtig zu wissen!

Willst du das Alter eines Baumes bestimmen, musst du „nur" die Jahresringe zählen. Denn jedes Jahr wächst der Baum ein wenig und hinterlässt im Holz einen sichtbaren Ring. Schau dir mal bei einem Waldspaziergang die Schnittfläche eines gefällten Baumes an. Die breiteren hellen Ringe stammen aus dem Frühjahr und Sommer, wenn der Baum stark wächst. Die schmalen dunkleren Ringe sind vom Herbst und Winter. Schleifst du die Oberfläche glatt und nimmst eine Lupe, kannst du die Ringe besser zählen.

Richtige **Urwälder** gibt es in Deutschland schon lange nicht mehr. Am ehesten findest du sie in einem Nationalpark wie zum Beispiel dem Nationalpark Bayerischer Wald, dem Kellerwald in Hessen, dem Nationalpark Harz, dem Müritz-Nationalpark oder dem Nationalpark Berchtesgaden. Da es die Nationalparke aber noch nicht so lange gibt, der älteste ist gerade mal 40 Jahre alt, konnte sich in der kurzen Zeit noch kein richtiger Urwald entwickeln. Das ist erst der Fall, wenn sich wieder ein natürlicher Kreislauf eingestellt hat. Bäume sterben an Altersschwäche oder bei Stürmen, werden zersetzt, während junge Bäume heranwachsen. Die Natur entscheidet, wie der Wald aussieht und welche Pflanzen und Tiere sich ansiedeln.

Mach mit!

Mit einem Freund und einem Stock kannst du die Höhe eines Baumes messen. Dein Freund stellt sich neben den Baumstamm. Dann nimmst du einen Stock in die Hand und gehst so weit zurück, bis du die Spitze des Baumes gut erkennst. Jetzt hältst du den Stock mit gestrecktem Arm vor dich hin: Die Spitze des Stocks zeigt zur Baumspitze, dein Daumen zeigt zum Fuß des Baumes. Jetzt kippst du den Stock um 90 Grad zur Seite. Der Daumen bleibt am Fuß des Baumes. Nun läuft dein Freund bis zur Spitze des Stockendes und zählt die Meterschritte. Dann habt ihr die ungefähre Höhe des Baumes herausgefunden.

Was der Wald alles kann!

Wälder sind für uns Menschen sehr wichtig, denn sie haben viele wichtige Funktionen und Aufgaben. Welche fallen dir ein?

Sicher denkst du ans Holzmachen, ans Wandern oder Pilzesammeln. Aber hättest du gedacht, dass der Wald ein riesiger **Luftfilter** ist. Ein Hektar Wald, das ist eine Fläche von 100 × 100 Meter, kann pro Tag bis zu 400 Kilogramm Staub aus der Luft filtern. Nur an der Küste und oben in den Bergen ist es so staubfrei wie im Wald. Gleichzeitig produziert der Wald den für uns wichtigen Sauerstoff. Die vielen Blätter filtern auch laute Geräusche. Achte einmal auf den Unterschied, wie weit du auf dem offenen Feld eine Straße noch hörst und wie still es dagegen im Wald ist.

Wichtig zu wissen!

Wie ein Haus ist der Wald in verschiedene Stockwerke aufgeteilt. Ganz unten ist die Moos- oder Bodenschicht. Hier wachsen kleine Pflanzen, Moose und Pilze. Das nächste Stockwerk ist die Krautschicht. Sie reicht bis ca. 1,5 Meter hoch und besteht aus Farnen, Gräsern, kleinen Bäumen und Sträuchern. Bis in fünf Meter Höhe reicht die Strauchschicht mit Sträuchern und dem Baumnachwuchs. Das oberste Stockwerk bildet die Baum- oder Kronenschicht.

Moos kann problemlos längere Zeit ohne Wasser auskommen. Ist es draußen feucht oder regnet es, saugt es sich wie ein Schwamm voll und hält das Wasser fest (unten).

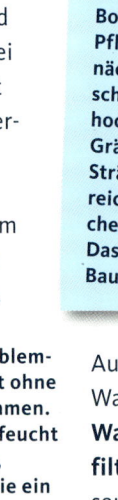

Auch unter der Erde ist der Waldboden ein hervorragender **Wasserspeicher** und **Wasserfilter**. Wie ein Schwamm saugen die vielen Hohlräume zwischen den Wurzeln das Regenwasser auf und geben es langsam an das Grundwasser ab, genauso wie die vielen Moose, Holzstücke und die Laubstreu auf dem Boden.

Mach mit!

Um die Baumschicht zu erkunden, muss man in die Baumkronen klettern. Das ist aber ziemlich schwierig und gefährlich. Viel einfacher und trotzdem spannend geht das für dich in Waldklettergärten oder auf Baumwipfelpfaden, wo du bequem auf einem Steg zwischen den Baumkronen entlanggehen und alles beobachten kannst.

Durch das Wasser im Waldboden und die Verdunstung über die Blätter bleibt im Sommer die **Luft** im Wald **kühl**. Wenn du vom offenen Feld in den Wald gehst, merkst du den Unterschied sofort. Mit einem Thermometer kannst du das auch gut messen. So können stadtnahe Wälder die heiße und stickige Luft der Stadt ein bisschen abkühlen. Die Wurzeln halten außerdem den Boden fest und verhindern, dass die gute Erde vom Regen weggeschwemmt wird (Erosion) oder an steilen Hängen sogar abrutscht. In den Bergen sind die Wälder ein guter **Lawinenschutz**.

Kellerassel

Schwarzer Moderkäfer

Regenwurm

Steinläufer

Nacktschnecke

Mach mit!

Es lohnt sich, die lockere Schicht auf dem Waldboden, die Laub-Streuschicht, einmal genauer anzusehen. Hier wimmelt es von Tieren und winzigen Lebewesen wie Pilzen, die damit beschäftigt sind, den „Abfall" zu zerkleinern und zu verwerten. Die meisten Tiere sind klein und am besten in einer Becherlupe zu beobachten. So kommen auf einem Quadratmeter Waldboden im Schnitt zwei Millionen Tiere vor. Vorsicht: Verletze die Tiere nicht und setze sie wieder zurück auf den Waldboden!

Holz, zum Fressen gern

Nicht nur der Mensch interessiert sich
für das Holz der Bäume. Viele Tiere
brauchen es als Nahrung, zum Verstecken
oder um ihre Eier darin abzulegen. Weißt
du, was ein Kupferstecher, Buchdrucker
oder Waldgärtner ist? Richtig, das sind
zum Teil alte Berufsbezeichnungen. Aber
so werden auch verschiedene **Borkenkäfer** genannt, deren hungrige Larven in
der Rinde leben und die lebenswichtige
Schichten des Baumes fressen. Zu viele
dieser kleinen Insektenlarven können
sogar einen Baum zum Absterben
bringen.

**Hier hat der Borkenkäfer
zugeschlagen.**

Mach mit!

Die Namen Kupferstecher und
Buchdrucker verdanken die Käfer
übrigens den Fraßgängen ihrer
Larven. Löst du die abgestorbene
Rinde von Bäumen, kannst du die
Gänge entdecken. Sie haben ein
charakteristisches Muster, an der
du die Art bestimmen kannst.

**So sehen die Fraßgänge der
Buchdrucker-Larve in der Rinde
aus.**

Nicht nur das Holz schmeckt vielen
Insekten, auch die Blätter sind
beliebt. In manchen Jahren kommt
es zu Massenvermehrungen von
bestimmten **Schmetterlingen**.
Am bekanntesten ist der Eichen-
prozessionsspinner. Die haarigen
Raupen können im Frühjahr ganze
Waldgebiete kahl fressen. Die Bäume bekommen zum Glück nach dem
großen Fressen neue Blätter. Werden sie aber zwei oder drei Jahre
hintereinander befallen, überstehen
das die Bäume nur mit größeren
Schäden. Auch für den Menschen
sind die Raupen gefährlich. Sie
haben giftige Brennhaare.

Schmetterling des Eichenprozessions-spinners

Kommt man ihnen zu nahe, können sie zu schmerzhaften Hautreizungen oder Husten führen. In manchen Fällen müssen Waldgebiete sogar abgesperrt werden.

Vor den Haaren der Raupen des Eichenprozessionsspinners sollte man sich in Acht nehmen!

Zu den großen Waldschädlingen gehören auch **Pilze**. Eigentlich sind sie für den Wald sehr wichtig, denn sie zersetzen mit anderen Organismen zusammen das abgestorbene Holz. Einige Arten befallen aber auch lebende Bäume und zerstören dabei langsam das Holz. Die Pilze dringen über kleine Verletzungen an der Rinde ein, der Baum wird von innen morsch und bricht irgendwann bei einem Sturm ab.

Erstaunlich!

Pilze bestehen unterirdisch aus einer Art Wurzelgeflecht, dem Myzel. Es durchzieht den Waldboden und totes Holz. Wenn du feuchtes, morsches Holz auseinanderbrichst, siehst du die weißlichen Fäden. So durchzieht in der Schweiz das Myzel eines Hallimaschs den Waldboden auf einer Fläche von 500 × 800 Metern.

Mach mit!

Von den Hüten der Pilze kannst du schöne Sporenabdrücke machen. Sporen sind die Samen der Pilze und sitzen in den Lamellen und Röhren auf der Hutunterseite. Sammle verschiedene Pilzhüte, lege sie auf ein weißes Papier und lasse sie über Nacht stehen. Der Pilz verliert seine Sporen und hinterlässt einen schönen Abdruck. Passe auf, dass kein Luftzug die Sporen wegpustet. Die Sporen können braun, gelblich, weiß, violett oder rosa sein.

Blätter, Früchte, Samen

Stell dir vor, eine 20 Meter hohe Buche hat, je nachdem wo sie steht, zwischen 200 000 und etwa 600 000 Blätter. Jedes Blatt ist wie ein kleines Kraftwerk, in dem mithilfe des Blattgrüns aus Sonnenlicht, Wasser und dem Gas Kohlendioxid Energie hergestellt wird, nämlich Zucker. An einem sonnigen Tag sind das immerhin 12 Kilogramm. Ein Teil wird als Stärke gespeichert. Mit dem Rest bildet der Baum neues Holz, neue Blätter oder Früchte. Dabei verbraucht er bis zu 400 Liter Wasser. Als „Abfall" entsteht dabei auch Sauerstoff für ca. 10 Menschen. Dieser Vorgang in den Blättern wird **Fotosynthese** genannt.

Sonnenenergie

Traubenzucker

Wasser

Kohlendioxid aus der Luft

Blattgrün

Sauerstoff

Mach mit!

Jede Baumart hat ihre typische Blattform, an der du sie erkennst. Lege dir doch eine schöne Blattsammlung an: Du musst die Blätter nur zwischen Zeitungspapier pressen und trocknen. Dann klebst du das Blatt auf ein weißes Papier und schreibst dazu, wie der Baum heißt und wann und wo du das Blatt gefunden hast.

Im Herbst beginnen Eichhörnchen nach Vorräten zu suchen.

Buckeckern

Haselnüsse

Erstaunlich!

Eichel

Einige Früchte und Samen sind zu schwer, um vom Wind davongetragen zu werden. Sie brauchen die Hilfe von Tieren. Mäuse, Eichhörnchen oder Eichelhäher verstecken Bucheckern, Eicheln und Nüsse als Wintervorrat. Weil sie nicht alle wiederfinden, können diese Samen im Frühjahr auskeimen. Viele Früchte werden gefressen, die Samen aber an anderer Stelle wieder unversehrt ausgeschieden. So verbreiten sie sich über weite Strecken.

Linde

Esche

Spitzahorn

Mach mit!

Mit Blättern lassen sich tolle Sachen basteln, besonders im Herbst, wenn sie schön bunt sind. Du kannst Blättercollagen kleben oder einen Blätterabdruck machen. Dazu pinselst du ein Blatt mit Wasserfarbe an und drückst es dann auf ein weißes Papier. Blätter mit hervorstehenden Blattrippen kannst du gut mit einer Teigrolle in eine frische Lehmkachel drücken. Das gibt einen wunderschönen Abdruck.

Birke

Hain-Buche

Viele Baumarten können sich **mithilfe des Windes vermehren und verbreiten**. Deshalb haben die meisten Bäume eher unauffällige Blüten, denn sie müssen damit keine Insekten anlocken. Die winzigen Pollen werden mit dem Wind weitergetragen und finden so den Weg zu einer anderen Blüte. Und im Herbst verstreut der Baum seine Samen wieder mithilfe des Windes. Sie fliegen oder trudeln wie ein Hubschrauber mit kreiselnden Bewegungen zu Boden. Probiere es aus und lasse verschiedene Samen aus dem Fenster nach unten fliegen.

Mach mit!

Aus Blättern, Ästen, Früchten, Samen und Stöcken kannst du zu Hause hübsche Sachen basteln. Oder du überraschst Spaziergänger mit einem schönen Waldmandala, das du auf den Waldweg legst. Dabei entstehen richtige Kunstwerke. Es macht auch Spaß, am Wegrand ein Wichtelhaus aus Moos und Rindenstücken aufzubauen.

Leckereien aus dem Wald

Nicht nur Tiere finden im Wald reichlich zu fressen. Auch du kannst so manche Leckerei im Wald finden und sammeln. Oder du wappnest dich gegen die nächste Erkältung mit Kräutern aus der Waldapotheke.

Das Nussmus kannst du entweder zusammen mit Honig aufs Brötchen schmieren oder sogar zu selbst gemachter Schokocreme weiterverarbeiten.

Mach mit!

So geht ein Nussmus aus Haselnüssen: Gesammelte Haselnüsse knacken. Auf ein Backblech geben und im Ofen leicht rösten (170° Celsius, 20 Minuten). Dabei löst sich zum Teil die braune Haut. Die noch warmen Nüsse mit einem Mixer klein hacken, bis ein leicht cremiges Mus entsteht. Beim Mixen ein paar Tropfen Sonnenblumenöl dazugeben. Das Mus in ein Marmeladenglas füllen. Fertig.

Mach mit!

Für Tannenspitzensirup brauchst du:

- 1 kg hellgrüne, frische Fichtentriebe (im Mai ernten)
- 1 kg Zucker oder Kandis
- 30 g Zitronensäure
- kleine Flaschen

So geht's:
Frisch gesammelte Triebe waschen (bitte nicht nur von einem einzigen Baum zupfen, nur die Spitzentriebe pflücken). Die Triebe in eine Schüssel geben und knapp mit Wasser bedecken (wenn nötig mit einem Teller beschweren). Über Nacht ziehen lassen. Alles in einem Topf aufkochen, bis die Triebe die Farbe verlieren. Das Ganze durch ein Sieb oder Leinentuch abgießen. Den Sud mit dem Zucker und der Zitronensäure zu einem Sirup aufkochen. Heiß in Flaschen abfüllen. Der Sirup schmeckt nicht nur gut, er hilft auch gegen Husten.

Mach mit!

Bei fiebrigen Erkältungen oder Grippe hilft seit Jahrhunderten Lindenblütentee. Da Linden häufig vorkommen, kannst du die Blüten für den Tee leicht selber sammeln und trocknen. Am besten machst du das am Vormittag. Da die Blüten schon nach wenigen Tagen ihre Wirkstoffe verlieren, ist es wichtig, sie kurz nach dem Aufblühen zu pflücken. Sie sollten dabei auf keinen Fall zu feucht sein. Die Blüten trocknest du an einem warmen, aber schattigen Ort. Sind sie trocken, füllst du sie in eine dunkle Dose. Für eine Tasse Tee brauchst du zwei Teelöffel Lindenblüten, die zehn Minuten ziehen müssen.

Mach mit!

Für leckere Heidelbeer- marmelade brauchst du:

- 1 kg Heidel- beeren
- 500 g Gelier- zucker 2:1
- 1 Teelöffel Zitronensaft
- 3 bis 4 Marme- ladengläser

So geht's:
Heidelbeeren waschen und dann mit dem Gelierzucker in einem Topf ver- mischen. Alles mit einem Pürierstab grob zerkleinern. Den Zitronensaft dazugeben und das Ganze zum Kochen bringen. Die Marmelade sollte etwa drei Minuten sprudelnd kochen. Da- nach den Schaum abschöpfen und die Marmelade in saubere Gläser füllen.

Heidelbeeren sammeln ist anstrengend, aber für einen köstlichen Kuchen oder eine leckere Marmelade lohnt es sich allemal.

Nachts im Wald

Eine Nachtwanderung durch den Wald im Sommer ist etwas ganz Besonderes. Mit den Augen wirst du nicht mehr viel erkennen. Dafür werden deine anderen Sinne viel empfindlicher, du riechst, hörst und fühlst mehr. Trotzdem ist eine Taschenlampe ganz nützlich. So kannst du auch einmal dem Rascheln im Laub nachleuchten. In der Nacht sind viele Tiere unterwegs, denn die Dunkelheit schützt sie vor ihren tagaktiven Feinden. Doch auch jetzt müssen sie sich in Acht nehmen, zum Beispiel vor Eule oder Marder. Einen weiteren Vorteil hat die Nahrungssuche bei Nacht. Wären alle Tiere tagaktiv, müssten sie sich viel mehr ums Fressen streiten.

Auch der Fuchs ist auf der Jagd nach Mäusen in der Dämmerung unterwegs.

Erstaunlich!

Um auch in der Dämmerung gut sehen zu können, haben die Augen vieler nachtaktiver Tiere wie Marder, Katzen oder Wölfe eine reflektierende Schicht. Die Lichtstrahlen gehen zweimal durch die Netzhaut und aktivieren zweimal die lichtempfindlichen Sinneszellen. Vielleicht hast du schon mal nachts beim Autofahren die leuchtenden Augen einer Katze gesehen.

Mach mit!

Ob du die Bäume auch nachts oder mit geschlossenen Augen erkennst? Ein gutes Merkmal ist die Rinde. Mit den Fingern kannst du ertasten, ob die Rinde glatt, rau oder rissig ist. Oder du fühlst, ob die Blätter groß oder klein sind, glatt oder behaart, länglich oder rundlich. Vielleicht haben die Blätter auch einen eigenen Geruch. Probier es einmal aus!

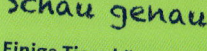
Mach mit!

Hast du schon einmal im Dunkeln im Wald Verstecken gespielt? Das macht richtig Spaß. Vorher müsst ihr aber genau festlegen, in welchem Gebiet ihr euch verstecken dürft. Du wirst schnell merken, dass es besonders auf die Ohren ankommt und auf die gute Tarnung. So kann es dir passieren, dass der Sucher dicht an dir vorbeigeht, ohne dich zu entdecken. Echt spannend!

Schau genau!

Einige Tiere können Licht selber machen. In lauen Sommernächten blinken die Glühwürmchen am Waldrand ihre grünlichen Lichtsignale. Glühwürmchen sind übrigens Käfer. Durch eine chemische Reaktion können sie an ihrem Hinterende das Licht erzeugen. Die flügellosen Weibchen sitzen im Gras und versuchen mit den Lichtsignalen die fliegenden Männchen anzulocken. Die Männchen leuchten dagegen nicht so stark.

Erstaunlich!

Fledermäuse „sehen" mit ihren großen Ohren, denn ihre Augen sind zu klein und nachts nicht gut genug. Um sich in der Dämmerung zu orientieren, stoßen Fledermäuse für uns unhörbare Ultraschall-Rufe aus. Prallen die Schallwellen auf ein Hindernis, werden sie von ihm wieder zurückgeworfen. Die Fledermaus fängt sie mit den Ohren ein und kann dem Hindernis ausweichen. So funktioniert auch das Radar. Viele Naturschutzgruppen bieten abends Fledermauswanderungen an.

Wasserfledermaus

Mit speziellen Detektoren kann man die Fledermausrufe für uns hörbar machen.

Winterzeit

Im Winter macht der Wald eine Pause. Bäume und Büsche haben ihre Energiereserven im Stamm oder in der Wurzel gespeichert und die Blätter abgeworfen. Die Blumen warten unter einer wärmenden Schneedecke auf den Frühling. Für die Tiere ist der Winter die härteste Jahreszeit, besonders wenn viel Schnee liegt und die Suche nach Futter schwierig wird. Jetzt bedeutet jede Störung einen unnötigen Energieverbrauch.

Bleibt der Schnee im Frühjahr lange liegen, wird es auch für die Frischlinge nicht einfach, den restlichen Winter zu überstehen.

Erstaunlich!

Der Winterschlaf des Igels dauert fünf bis sechs Monate. In dieser Zeit setzt er seine Lebensfunktionen auf Sparflamme. Dabei sinkt seine Körpertemperatur fast auf die Umgebungstemperatur. Das Herz schlägt nur noch 2- bis 12-mal pro Minute statt 200-mal und statt 50-mal atmet der Igel nur noch 13-mal pro Minute. So spart er Energie.

Mach mit!

Sieh dir Moospflanzen einmal genauer an. Manche wachsen wie ein kleiner Miniwald. Wenn du dir die Moossterne und Sporenkapseln in Ruhe zu Hause ansehen willst, kannst du dir aus einem Einmachglas ein Moosglas machen. Erst kommen etwas Sand und Steine auf den Boden, dann deine kleinen Moosstücke. Stelle das Glas nicht in die pralle Sonne und halte es gleichmäßig feucht.

Mach mit!

Im Winter kannst du für Weihnachten aus Moos schöne Sachen basteln, zum Beispiel einen Adventskranz. Die Moospolster wickelst du einfach mit Draht um einen Strohkranz. Danach schmückst du das Moos mit Fundstücken aus dem Wald, wie Hagebutten, Zapfen oder Efeu.

Vogeluhr

Eins der schönsten Erlebnisse
ist im Mai ein **Vogelkonzert**
im Wald. Dafür musst
du sehr früh aufstehen,
denn einige Arten singen schon vor
dem Sonnenaufgang. Du kannst sogar
fast deine Uhr nach den Vögeln stellen, denn
die Arten richten sich nach der Sonne und fangen
pünktlich zur gleichen Zeit vor oder nach dem
Sonnenaufgang an. Als Erstes beginnt 90 Minuten
vor Sonnenaufgang der **Hausrotschwanz**. Er lebt
zwar nicht im Wald, aber vom Waldrand aus kannst
du ihn sicher in der Nähe von Häusern hören.
Schon 10 Minuten später beginnt das **Rotkehlchen**
als erster Sänger im Wald. Kurz darauf
flötet die **Singdrossel** ihr Lied. Etwa
60 Minuten vor Sonnenaufgang singen
Ringeltaube und **Amsel**, 30 Minuten
später der **Buchfink**. Ein Spätaufsteher
ist der **Star**, der erst 10 Minuten
nach Sonnenaufgang am
Waldrand beginnt.

Hausrotschwanz
4.00 Uhr

Rotkehlchen
4.10 Uhr

Singdrossel
4.15 Uhr

Ringeltaube
4.30 Uhr

Amsel
4.30 Uhr

Buchfink
5.00 Uhr

Star
5.40 Uhr

Hier siehst du, wann die Vögel zu singen beginnen,
wenn die Sonne um 5.30 Uhr aufgeht.

Mach mit!

Naturschutzvereine bieten
im Frühjahr immer wieder
Vogelstimmenexkursionen
an oder auch extra Führungen zur Vogeluhr. Dabei
lernst du die Vogelstimmen
am schnellsten kennen.

Schnelle Suche mit Stichwörtern

Spannende Reisen in die Natur

NEU

Mein erstes Welcher Stern ist das?

Kompetent und unterhaltsam begleitet dieser Naturführer Kinder in die spannende Welt der Sterne. Er stellt die 28 wichtigsten Sternbilder vor und erklärt alles Wissenswerte rund um Planeten, Sonnensysteme, Galaxien und Raumfahrt. Mit den praktischen Anleitungen zur Himmelsbeobachtung können Kinder selbst als Sternforscher aktiv werden.

Je 96 Seiten, zahlreiche Abbildungen
Ab €/D 7,95

Justina Engelmann
Mein erstes Unterwegs zum Sternegucken
96 S., ca. 300 Abb., €/D 14,99

Den großen Wagen kennt jeder, aber weißt du auch, wo der Orion am Himmel steht? Mit der drehbaren Sternkarte lassen sich die Sternbilder mühelos entdecken und auf den Entdeckerseiten eintragen. Extraseiten bieten jede Menge einprägsames Zusatzwissen für kleine Hobbyastronomen.

Bärbel Oftring
Mein erstes Unterwegs in meinem Garten
96 S., 240 Abb., €/D 13,99

Wenn im Frühling die ersten Sonnenstrahlen dich in der Nase kitzeln, dann nichts wie rein in die Gummistiefel und raus in den Garten! Töpfe mit Erde füllen, Samen anziehen, Beete vorbereiten und pflegen; verschiedene Kräuter anbauen und eigene Erdbeeren oder Himbeeren pflanzen. Ein richtiges Gartenbuch für kleine und große Gärtner! Ein jahreszeitlicher Überblick zeigt klar, was du wann im Garten machst und was du tun kannst, wenn es mal nicht wächst.

Anita van Saan
Mein erstes Unterwegs auf Spurensuche
96 S., ca. 300 Abb., €/D 12,99

Einen Dachs bei der Futtersuche, eine Rosengallwespe beim Schlüpfen oder eine Weinbergschnecke bei der Eiablage beobachten? Mit den richtigen Tipps und Tricks kannst du diese und viele andere Entdeckungen machen. Mit diesem Buch bist du für Expeditionen in die Natur bestens ausgerüstet und wirst ganz schnell zum perfekten Fährtenleser!

Blaumeise
Seite 45

Buchfink
Seite 46

Singdrossel
Seite 47

Waldkauz
Seite 51

Waldohreule
Seite 52

Sauerklee
Seite 56

Bärlauch
Seite 57

Waldmeister
Seite 58

Hohle Lerchensporn
Seite 62

Leberblümchen
Seite 63

Wald-Veilchen
Seite 64

Rot-Buche
Seite 68

Hain-Buche
Seite 69

Winter-Linde
Seite 70

Gemeine Esche
Seite 74

Vogelbeere
Seite 75

Gemeine Fichte
Seite 76